なぜ、それが無罪なのか!?
――性被害を軽視する日本の司法

伊藤和子

ディスカヴァー携書
216

プロローグ

110年ぶりの刑法改正

最近、性犯罪、性暴力に関するニュースが増えていると思いませんか。

2017年、110年ぶりに刑法の性犯罪に関する規定が改正されました。

「時代に合っていないな」「女性や被害者の気持ちに寄り添っていないのでは?」と思われる法律の規定の一部です。

刑法というのはなかなか変えられないもので、110年も続いてきた歴史と伝統もあるし、「きっとずっと変わらないだろうな」と思ってきましたが、被害者の方々が声をあげたことがひとつのきっかけとなり、法律が変わったのです。

そう、法律は、私たちが「おかしい」と声をあげることにより、変えることができるものなんだ——国民主権からすれば当たり前のことですが、そんなふうに私たちも実感することができました。

その結果、女性だけではなく、男性も性犯罪の被害者になりうる、女性だって加害者にもなりうる、という時代を迎えたのです。

この改正と前後して、これまでタブーとされていた性暴力や性そのものについてみんなが本音で話しはじめたり、メディアで取り上げられたりするようになりました。

性行為というのはとてもパーソナルなこと、大切なことです。踏みにじられるのは絶対に容認できないですよね。議論が進むのはとてもよいことです。

でもポジティブなニュースばかりではありません。

2017年に刑法が変わった後も、よく耳にしたのが、大学生が関わった性暴力事件で、結局不起訴になってしまったというニュース。レイプドラッグという薬を使ったレイプの拡がり。

２０１９年の３月には、19歳の娘に性行為をした実父が無罪になるという判決をはじめ、性被害に関する４つのケースで無罪判決が言い渡され、それまでそうした事件にあまり関心がなかった人々の間にも衝撃と波紋が広がることになります。相次ぐ理不尽なニュースに、自分や自分の大切な人が被害にあったらどうするのか、と心配になります。

はたして２０１７年の法改正で十分だったのか？
むりやり性行為されても犯罪にはならないの？
それはなぜなの？
そんな議論が沸き起こっています。

性犯罪は人権の問題

ここで自己紹介をさせていただきます。
私は、弁護士をしながら、国際人権ＮＧＯの活動をしています。
弁護士としては、特に女性の権利や子どもの権利を守る活動、人権や労働環境の改善を企業にアドバイスする活動などをメインにしています。

また、日本から国境を超えて世界的な人権を守る活動がしたいと考え、日本で初めての国際人権NGOであるヒューマンライツ・ナウを設立し、活動しています。

ヒューマンライツ・ナウの人権擁護活動は、事実の調査、政策提言とアドボカシー（政策実現のための働きかけ）、そして教育や啓発を柱としています。政策提言をし、それに向けて社会を動かし、法制度やシステムを変えることを通して、人々がより生きやすい社会をつくるための手助けをしたいと思って、活動に取り組んでいます。

そのなかでも、特に重視したいトピックは、なかなか声をあげられない被害、声をあげにくく、社会でかき消されてしまう弱い声、だけれども深刻な問題です。そうした問題について光をあて、被害者の方々に代わって声をあげ、社会を変える道筋を提案することが私たちのミッションです。

DV（ドメスティック・バイオレンス）などの女性に対する暴力、そしてレイプやセクシュアル・ハラスメントなどの性暴力被害もこれにあたり、私たちが取り組む大事な人権課題のひとつとなっています。

1980年代までは、女性の性被害は、世界的にも「恥ずかしいこと」「あまり話題にしてはいけないこと」と考えられ、なかなか声をあげにくい、という状況がありました。女性の権利は人権である、女性に対する暴力は許されない、という当たり前のことについてみんなが声をあげはじめたのは1990年代に入ってからです。

1993年、国連総会で「女性に対する暴力撤廃宣言」という宣言が採択されます。1995年には中国の北京で開催された「世界女性会議」という国連の会議で、女性に対するレイプ、セクシュアル・ハラスメント、人身売買、DVなどは根絶していかなくてはいけない、ということが改めて宣言され、そのための行動計画も示されました。

それを受けて、世界でも日本でもさまざまな法改正が進んできました。

私は弁護士としてこうした流れを体験するとともに、ヒューマンライツ・ナウというNGOの活動を通じて、グローバルスタンダードに基づいて女性に対する暴力を根絶するような制度改革を求めて活動しています。

一人の弁護士としての私のところには、「性暴力の被害にあった」という訴えが寄せられ続けています。もちろん被害者の方に笑顔が戻るような解決のお手伝いができる場合もありますが、どうしてこの事件で被害が認められないのだろう、と悔しい思いをさせられることも続きます。

皆さんの思いを受けて、なんとか制度を変えたい、と思って私も活動しています。

性暴力という人権侵害、そしてその心の傷はとても深く、PTSD（心的外傷ストレス）に苦しむ人、電車に乗ることも怖くなり、就職ができなくなってしまう人、異性恐怖症が長引いてしまう人、その影響は「魂の殺人」と言われるほど深刻です。

しかも、被害者が勇気をだして告発したのに、加害者が罪を免れ、「被害はなかった」ということにされてしまうと、被害者はさらに深刻な心の傷に苦しみ、加害者のみならず社会システムそのものを信じられなくなってしまいます。その一方で、加害者は「許された」と思い、同じ行動を繰り返していく。被害者の多くが未成年であったり、若い女性であることの多い性暴力被害は、人生のスタート地点で、被害にあった人の夢を奪い、社会や人間に対する信頼や期待を奪う、という意味でとても深刻なのです。

私は、そうした現状をなんとか変えたいと思う一人にほかなりません。


世界を見渡すと、2017年秋から#MeTooという性暴力に声をあげる運動が全世界に広がり、日本でも女性たちが声をあげはじめました。

財務大臣が「セクハラ罪という罪はない」と公然と発言したり、男性に人気の週刊誌が「ヤレる女子大生特集」を組んだりする日本。さらに被害者から見てため息がでるような性犯罪無罪の判決。こうした現実に、日本の女性たちも、我慢の限界に達して、少しずつ声をあげ、さらには、声のあげ方をお互いに学び合うようにもなってきているように思います。

そして、性暴力被害は女性だけの問題ではなくなったことを受けて、男性たちも声をあげ、考えはじめています。日本でも、社会を変えることは可能だと思います。

本書では、そんな時代の風を受けて、性と性暴力について皆さんと一緒に考えていきたいと思います。

目次

第1部

性暴力被害者に冷たい日本の司法

第1章
19歳の実の娘に性交をした父親が無罪の衝撃

2019年4月のある夜、東京駅の前に女性たちが花を手にして集まりました。中には男性の姿もありました。それは最近報道された無罪判決に憤り、抗議をするために集まった人たちでした。

2019年3月、立て続けに4件の性犯罪の裁判で、無罪判決が言い渡されました。これらは他人の犯した性犯罪について人違いで起訴された事件ではありません。それどころか、このうち3件では、女性の意に反して性交をしたことを裁判所が事実として認定していました。ところが、いずれの事件も「無罪」という判決が下されたのです。

こんな判決が相次ぐことに憤り、被害者の方々に連帯の意思を示すために「花をもって集まりましょう」という呼びかけに応えて人々が集ったこの集会は、「フラワーデモ」と呼ばれ、5月には、東京だけでなく大阪、福岡などにも波及しました。

人々が集まる原動力となったのは、相次ぐ無罪判決に対するいてても立ってもいられないとの思いでした。ここでは、そのなかで最も多くの人が疑問を感じた、2019年3月26日の名古屋地裁岡崎支部の判決についてご紹介します。

なぜ、それが無罪なのか？

3月26日、名古屋地裁岡崎支部は、娘に中学2年生の頃から性虐待を続け、19歳になった娘と性交した父親に対する準強制性交等罪の事件で、父親に無罪判決を言い渡しました。

朝日新聞は以下のように第一報を報じています。

> 地裁岡崎支部は、性交については、娘の同意はなかったと認定。一方、性交の際に娘が抵抗できない状態だったかどうかについては「被告が長年にわたる性的虐待などで、被害者（娘）を精神的な支配下に置いていたといえる」としたが、「被害者の人格を完全に支配し、強い従属関係にあったとまでは認めがたい」と指摘。「抗拒不能の状態にまで至っていたと断定するには、なお合理的な疑いが残る」とした。

実の娘と性交をしても無罪放免という結論には多くの疑問が表明され、「これで無罪なら、どんなケースが性犯罪となりうるのか」と、司法に対する強い不信感が表明されました。

この事件の判決文を読んで私もとても憤りをおぼえ、「何かが決定的に間違っている」と思いました。そこで、判決を解説していきましょう。

判決は、性虐待、父親から娘への暴行を認めている

まず判決は、以下のような事実を認めています（以下、女性はA、父親は被告人とされています）。

> 被告人は、Aが中学2年生であった頃から、Aが寝ているときに、Aの陰部や胸を触ったり、口腔性交を行ったりするようになり、その年の冬頃から性交を行うようになった。
> 被告人による性交は、その頃からAが高校を卒業するまでの間、週に1、2回程度の頻度で行われていた。Aは、上記の行為の際、身体をよじったり、服を脱がされないように押さえたり、「やめて。」と声を出したりするなどして抵抗していたが、いずれも被告人の行為を制止するには至らなか

った。
被告人は、Aが高校を卒業して（略）専門学校に入学した後も、Aに対して性交を行うことを継続しており、その頻度は専門学校入学前から増加して週に3、4回程度となっていた。

なんとひどい性虐待でしょう。女性のことを考えると、心が痛む、という言葉では表現し足りません。
これに対し、被告人である父親は、性交には娘の同意があったと主張していました。しかし判決文は、

本件各性交を含めて被告人との間の性的行為につき自分が同意した事実はない旨のAの供述は信用でき、本件各性交以前に行われた性交を含め、被告人との性交はいずれもAの意に反するものであったと認められる。

と判断したのです。

父親は中学2年生のときから娘を性虐待し続け、未成年の娘に対して意に反する性行為をした。判決はそのことを認めているのです。

女性が性行為に抵抗できなかった状況

本件で起訴された事案は、2017年8月と9月にこの女性が父親から車に乗せられて、それぞれ閉鎖的な空間に連れていかれて性交をされたという件です。これらの件では、女性による物理的な抵抗が認定されていません。

この性交の直前(7月後半から、8月の性交の前日までの間)の出来事として、判決文は次のように、父親からの強い暴行があったことを認定しています。

> (Aが)抵抗したところ、被告人からこめかみの辺りを数回拳で殴られ、太ももやふくらはぎを蹴られた上、背中の中心付近を足の裏で2、3回踏みつけられたことがあった。

判決は、この暴力により、女性のふくらはぎなどに大きなアザができたとしています。

また、裁判では、精神科医が女性の心理状態について鑑定意見を提出しています。

判決によれば、鑑定人は、

> 被告人による性的虐待等が積み重なった結果、Aにおいて、被告人には抵抗ができないのではないか、抵抗しても無理ではないかといった気持ちになっていき、被告人に対して心理的に抵抗できない状況が作出された。

と証言しているとのことであり、裁判所はこの鑑定について「高い信用性が認められる」と認めています。さらに、まだ19歳の女性は経済的には実父に依存して生活しており、ノーとは言いにくい状況に置かれていたとされています。

判決は以下のように認定しているのです。

> Aが、専門学校入学後、自身の学費ばかりか生活費についてまで、被告人から多額の借り入れを

する形をとらされ、その返済を求められたことで、被告人に対する経済的な負い目を感じていたことからすれば、前記性的虐待がこの間も継続していたことと相まって、本件各性交当時、被告人のAに対する支配状態は従前よりも強まっていたものとも解される。

こうした事情があるのに、なぜ、判決は無罪を言い渡したのでしょうか。

「抗拒不能」の高いハードル

判決では、以下のように説明します。

刑法178条2項は、意に反する性交の全てを準強制性交等罪として処罰しているものではなく、相手方が心神喪失又は抗拒不能の状態にあることに乗じて性交をした場合など、暴行又は脅迫を手段とする場合と同程度に相手方の性的自由を侵害した場合に限って同罪の成立を認めているところである。そして、同項の定める抗拒不能には身体的抗拒不能と心理的抗拒不能とがあるところ、このうち心理的抗拒不能とは、行為者と相手方との関係性や性交の際の状況等を総合的に考慮し、相手方において、性交を拒否するなど、性交を承諾・認容する以外の行為を期待することが著しく困難な心理状態にあると認められる場合を指すものと解される。

たしかに日本の刑法でレイプと言えるのは、強制性交等罪、そして、準強制性交等罪、という2つのいずれかです。そして、今回父親が罪に問われたのは、刑法178条2項、準強制性交等罪です。これは、

人の心神喪失若しくは抗拒不能に乗じ、又は心神を喪失させ、若しくは抗拒不能にさせて、性交等をした者は、前条の例による。

という条文で、「心神喪失」または「抗拒不能」がないと犯罪が成立しません。抗拒不能、というのは抵抗が著しく困難、という意味です。

判決はこの条文を本件にどうあてはめたのでしょうか。

まず、直前にあった暴行の影響はどうでしょうか。

> Aが執拗に性交しようと試みる被告人の行為に抵抗した結果受けた本件暴行は、Aのふくらはぎ付近に大きなあざを生じるなど、相応の強度をもって行われたものであったものの、この行為をもって、その後も実の父親との性交という通常耐え難い行為を受忍し続けざるをえないほど極度の恐怖心を抱かせるような強度の暴行であったとはいい難い。

次に、精神科医から、女性は抗拒不能な心理状態だった、という鑑定意見が出ていることについてはどうでしょうか。判決は、

> Aが抗拒不能の状態にあったかどうかは、法律判断であり、裁判所がその専権において判断すべき事項

とし、鑑定意見などによって裁判所の判断は左右されない、という姿勢を示したうえで、

　Aが本件各性交時において抗拒不能状態の裏付けとなるほどの強い離人状態（解離状態）にまで陥っていたものとは判断できない。

としました。

さらに、女性が被告人に依存していた関係についてはどう判断したでしょうか。

　確かに、被告人はAに対して長年にわたり性的虐待を行ってきたものの、前記のとおり、これにより、Aが被告人に服従・盲従するような強い支配従属関係が形成されていたものとは認め難く、Aは、被告人の性的虐待等による心理的影響を受けつつも、一定程度自己の意思に基づき日常生活を送っていたことが認められる。

としています。

そして最後のまとめとして、判決は以下のようにダメ押しをして、無罪としたのです。

本件各性交当時におけるAの心理状態は、例えば性交に応じなければ生命・身体等に重大な危害を加えられるおそれがあるという恐怖心から抵抗することができなかったような場合や、相手方の言葉を全面的に信じこれに盲従する状況にあったことから性交に応じるほかには選択肢が一切ないと思い込まされていたような場合などの心理的抗拒不能の場合とは異なり、抗拒不能の状態にまで至っていたと断定するには、なお合理的な疑いが残るというべきである。

つまり、女性が被告人に対して抵抗しがたい心理状態にあったとしてもそれだけでは十分でなく、

- 生命・身体などに重大な危害を加えられる恐れがあった
- 性交に応じるほかには選択肢が一切ないと思い込まされていた

という極めて高いハードルを課して、これをクリアしない限り、いかに性虐待があっても、

親から無理やり性交されても、レイプにはならない、父親は何らの刑事責任も問われない、というのがこの判決の結論なのです。

このようなことがはたして妥当といえるでしょうか。

中学2年生のときから、実の娘に対して性虐待を繰り返してきた父親、起訴された事件の前に娘に激しい暴力をふるってきた父親がなぜ無罪になるのでしょうか。

父親から暴力をふるわれ、恐怖から抵抗できないという心情になっていた女性、経済的にも父親に依存せざるを得ず抵抗が難しかった女性の状況を「抵抗が困難」と認定せず、父親を無罪にする、それが法律の当たり前の解釈であるとすれば、「抗拒不能」という要件はあまりにも厳しすぎるのではないでしょうか。

意に反する性行為をされたとしても「抗拒不能」という厳しい要件をクリアしない限り性犯罪として処罰できない、そうした理不尽な現実がこの事件を通じて浮かび上がってきたのです。

こんなことでは、多くの性暴力は何ら処罰されないまま野放しになってしまうだろう。

女性たちの多くが危機感と悔しさ、このままでいいのかという強い疑問を共有したのです。

他に彼女を守れる法律はなかったのか?

後述しますが、２０１７年に刑法の性犯罪規定が改正された際に「監護者性交等罪」という犯罪が新たに導入されました。この法改正後は18歳未満の者に対しては、親などの監護者がその影響力に乗じて性交等をする行為が処罰の対象となりました。

しかし、この女性は２０１７年当時すでに19歳であり、刑法は改正されても遡って過去の事案には適用されないため、「監護者性交等罪」で罪に問うことはできませんでした。児童福祉法には、「児童に淫行をさせる」という犯罪も規定されていますが、これも18歳未満の子どもに限定された犯罪です。

また、判決によれば女性は中学2年生のときから繰り返し、性虐待を受けていたとされていますが、日本の性交同意年齢は13歳とされ、13歳以上の子どもが親から繰り返し性交されていたとしても、「抗拒不能」「暴行脅迫」が証拠により立証されなければ、罪に問えません。

ちなみに、日本における「性交同意年齢＝13歳」は、諸外国と比較して極めて低年齢の設定で、この点も広く疑問視されています。

司法判断に翻弄される被害者

今回の判決は広く報道され、大きな社会的非難を受け、フラワーデモも行われました。こうしたなか、検察庁は控訴をしました。しかし、もし逆転判決が出ればそれで一件落着なのでしょうか。

この事件を受けて、「1件の判決で大騒ぎをしないでも大丈夫。他の裁判官なら常識的に判断してくれるはず。冷静になりましょう」という人もいるかもしれません。しかし、1件であっても当事者が犠牲になるということは残酷です。

そして、この判決のように著しく「抗拒不能」を限定する判決が1件でも出てしまうと、その影響は、はかり知れません。検察官は起訴するか否かの判断に慎重になり、多くの性犯罪事例で不起訴が相次ぐ結果に跳ね返ります。判決であればこうやって検討することもできますが、検察官が不起訴にしてしまうとまさにブラックボックス、どんなに不当でも闇の中です。刑法がこの判決の論理のまま運用されれば、被害にあっても救われない事件は今後とも後を絶たないでしょう。

性虐待を今も受けて苦しんでいる女性たち、子どもたちにとって、この判決やそれを可能としている法制度は絶望しかもたらさないのではないでしょうか。

「仕方がない」で済むことではありません。もし、裁判官の解釈が法律からみておかしいのであれば、司法制度や裁判官に抜本的に変わってもらう必要があります。

しかし、法律の条文から、この判決のような解釈も可能だ、ということであれば、法律が変わる必要があります。性虐待から少女を守れないのが現行法であれば、私たちは主権者として法律の改正を求めることができるはずです。

「なぜ、父親が無罪になるのか」問題を整理するために次章では、性犯罪の処罰に関する日本の法律の規定を詳しく見ていきたいと思います。

第2章
性犯罪の処罰に関する刑法の規定はどうなっているのか？

無理やり誰かからわいせつ行為をされる、レイプされる、それは許し難い行為であり、一生心に残る傷を与える深刻な人権侵害です。

性犯罪は被害者の人格を踏みにじる「魂の殺人」といわれる深刻な人権侵害であり、特に女性に対する性犯罪は「女性に対する暴力のひとつ」として、国連総会が採択した「女性に対する暴力撤廃宣言」※などの国際文書で、根絶に向けた各国の努力が要請されてきました。

ところが、日本では性犯罪はとても軽く扱われ、性犯罪に対する日本の取り組みは大幅に立ち遅れていました。明治時代（1907年）に制定された刑法が2017年まで、大筋では変わることなくそのまま踏襲されてきたのです。

近年、こうした性犯罪の被害者の方々が声をあげはじめ、法務大臣が見直しの検討を指示、法務省での有識者を交えた検討のすえ、性犯罪規定を見直す刑法改正案が2017年の通常国会（第百九十三回国会）に上程されました。

2017年6月16日、この法案は参議院で可決・成立、7月13日から施行されました。可決された法律の正式名称は「刑法の一部を改正する法律」(平成二十九年法律第七十二号)

です。性犯罪に関する刑法の大幅改定は、なんと、明治時代に刑法が制定されて以来、110年ぶりでした。

２０１７年の法改正

ここで、２０１７年の刑法改正とはどんなものだったのか、概説していきたいと思います。

まず、前提として２０１７年の改正前、レイプにあたる性犯罪はどのように法律に規定されていたのかというと、強姦罪、準強姦罪という２つの条文に規定されていました。

※　女性に対する暴力撤廃宣言
１９９３年12月、第48回国連総会で採択された宣言。女性に対する暴力は人権侵害であるとして、これを根絶していくことを国連として宣言。性暴力、人身売買、ＤＶ、セクハラ等、あらゆる暴力行為をなくすために国がとるべき、法整備や被害者支援等の施策を明記している。

〈改正前〉

刑法177条（強姦罪）

暴行又は脅迫を用いて十三歳以上の女子を姦淫した者は、強姦の罪とし、三年以上の有期懲役に処する。十三歳未満の女子を姦淫した者も、同様とする。

刑法178条2項（準強姦罪）

女子の心神喪失若しくは抗拒不能に乗じ、又は心神を喪失させ、若しくは抗拒不能にさせて、姦淫した者は、前条の例による。

このほかに性犯罪としては、強制わいせつ罪、準強制わいせつ罪という罪も規定されています。

では、これらの規定が2017年の法改正でどのように変わったのか、見ていくことにしましょう。

男性への被害も処罰されることに

まず、強姦罪の名称が「強制性交等罪」に変更されました。

これまで強姦の被害者は女性に限定されていたのですが、「強制性交等罪」の被害者には男性も含まれることになりました。

これに関連して、それまで男性器の膣への挿入に限定されていた強姦罪の行為態様を「性交等」（膣性交、肛門性交、口腔性交）にも広げました。

肛門性交や口腔性交の強要などと言った、膣への性交と同様に屈辱的で人格を踏みにじる行為に対して、レイプ罪として扱うことは世界的な趨勢となっています。２０１７年の法改正ではこうした世界的な趨勢を踏まえて、処罰の対象となる性交行為を拡大し、強制的な肛門性交、口腔性交も処罰対象に入れたのです。

これに伴い、男性に対する被害も処罰されることになりました。

男性に対する性暴力・性虐待は、これまでもありましたが、なかなか光があたらず、被害者の保護や支援の必要性についても社会的な理解が十分であったとはいえませんでした。

そのため、女性の被害者よりもさらに孤立した状況に置かれ、誰にも相談できない被害者が圧倒的でした。そこで男性に対する性交も処罰することとしたのです。

同様に、飲酒や薬物の影響などで抵抗できない状況にある人に性行為をする、いわゆる準強姦と言われた犯罪は、「準強制性交等罪」と名称が改められ、処罰される行為も広がり、男性も対象となりました。

刑の引き上げ　厳しい処罰を

次に、強姦罪改め、強制性交等罪の法定刑の引き上げです。

これまでは、強姦罪の法定刑の下限（もっとも軽い刑）は懲役3年と極めて軽いものであり、初犯（はじめての犯行）の場合ですと執行猶予がつくことがほとんど、という状況でした。

しかし、加害者が執行猶予ですぐに釈放されるのに対し、被害者はＰＴＳＤや男性恐怖症、加害者への恐怖心に長く苦しむ例が少なくありません。被害者の視点から見れば「魂の殺人」と言えるほど深刻な心の傷や被害の重大さに見合った刑とは到底言えるものではなく、諸外国の例から見ても低いものでした。

こうした声を受けて、今回の改正では、法定刑の下限を5年に引き上げる改正が実現したのです。

強制性交の過程で傷害を負ったり、死んでしまったという結果が出た場合は6年以上の刑となります。しかし、個人的にはこれでも軽いなあ、と思います。

「親告罪」規定の撤廃　被害届を出せばよい

第三は、「親告罪」規定の撤廃です。

これまで強姦罪で起訴するためには被害者が「告訴」という手続をすることが必要でした（こうした犯罪を「親告罪」といいます）。告訴状というものをわざわざ書いて受理してもらう必要があったわけです。

なぜそのような面倒なことにしたのかと言えば、性犯罪の被害者の意思とプライバシーを尊重するという理由からでした。

しかし、「告訴」がない事例では犯罪の捜査が進みにくくなります。普通の被害者にとって「告訴状」などを準備して提出すること自体ハードルが高いことは、誰から見てもおわかりになるでしょう（ちなみに、私が弁護士になった頃、25年ほど前は性犯罪についても「告訴期間」というものがあり、6ヶ月間以内に告訴しないと、もう犯罪として立件してもらえないというあきれた法制度になっていました。2000年にようやくこれが撤廃されたのです）。

そこで、強姦や強制わいせつ罪も、窃盗や傷害など、他の犯罪と同様に、「被害届」だけで捜査を進めることが求められるようになったのです。

また以前は、「告訴」が要件であるために、加害者側が「今告訴を取り下げれば解決金を支払うが、告訴を取り消さなければ徹底して裁判で争う」などと強引に被害者にアプローチをして動揺させた結果、被害者が精神的に参ってしまい告訴を取り下げる事例も見られました。

このように、「親告罪」の規定は、性犯罪の不処罰につながっていたのです。

一方、たとえ親告罪でなくなったとしても、被害者が協力しない場合には無理やり立件・起訴することはそもそも不可能なはずです。こうしたことを考えると、どうしても親告罪としなければならない理由はないと考えられます。

こうした背景から「告訴」という要件は今回、撤廃されたのです。

「親告罪」の規定は強制わいせつ罪などでも撤廃され、施行前に起きた事件にも原則適用していくことになりました。

監護者による性行為は暴行・脅迫がなくても処罰する

第四は、親などの「監護者」が立場を利用して18歳未満の子どもと性交したり、わいせつ行為を行った場合は暴行や脅迫がなくても強姦罪が成立する、とした点です。

強姦罪の成立には暴行・脅迫が要件とされていますが、子どもに対する性的虐待のケースでは、その多くが、子どもに対する支配的な影響力を利用して、子どもが抵抗できないままに行われていることが多いのが実情です。

13歳未満に対する性交は被害者の同意の有無を問わず強姦と認定されてきましたが、13歳以上で親族等に性虐待された場合は強姦罪に問われないことになっていました。

しかし、それでは、多くの性虐待事例が強姦罪に問われず、不処罰を許すことになってしまいます。そこで、監護者による18歳未満の子どもに対する性行為の場合は、暴行・脅迫という要件がなくても犯罪とする規定をつくったのです。

これは本当に重要な改正・成果だといえます。

この改正が実現した背景には、幼い頃に肉親からの性虐待にあった経験のある被害者の方々が、自ら切実な声をあげ、法改正を求める市民運動の先頭に立って、「同じ被害を二度と繰り返さないでほしい」と献身的なロビー活動を展開したことがありました。

被害体験を持つお一人、山本潤さんは、2017年、『13歳、「私」をなくした私　性暴力と生きることのリアル』（朝日新聞出版）という書籍を出版。山本さんは、13歳から7年間、実の父親から性暴力を受けていたことをカミングアウトし、現在まで続く苦悩をそこに綴りました。法改正の先頭に立って行動を続けてこられ、山本さんが法改正に与えた影響はとても大きなものがあります。

刑法第１７９条（監護者わいせつ及び監護者性交等）

十八歳未満の者に対し、その者を現に監護する者であることによる影響力があることに乗じてわいせつな行為をした者は、第百七十六条の例による。

2　十八歳未満の者に対し、その者を現に監護する者であることによる影響力があることに乗じて性交等をした者は、第百七十七条の例による。

国連の勧告に即した改正――背景に市民の運動

実はこれまでの時代遅れの日本の刑法の性犯罪規定に関しては、国連の女性差別撤廃委員会や子どもの権利委員会など、日本が批准している人権条約機関から、繰り返し懸念が表明され、その是正を求める勧告が出されてきました。

その主な内容が、強姦罪（刑法１７７条）の定義の拡大、男児や男性に対する強姦を重大な犯罪とすること、近親姦を個別の犯罪とすること、抵抗したことを被害者に証明させる負担を取り除くこと、非親告罪とすること、性交同意年齢を13歳以上に引き上げること、罰則を引き上げることとでした。

今回の改正はこうした国際社会の声も反映したものだったのです。

今回の改正については、被害者団体や女性団体などから強い後押しがありました。特に、先ほど紹介した山本潤さんをはじめ性犯罪被害にあわれた女性たちや比較的若い世代の女性たちが中心となって、ビリーブ・キャンペーンというキャンペーンを立ち上げ、精力的に世論に働きかけ、ロビー活動を進めたのは、これまでにない新しい女性のムーブメントとして注目されるものでした。これからもこうした若い女性たちの声がどんどん社会を動かす時代になってほしいなと思います。

日本の性犯罪はなかなか変わらず、多くの人が「仕方がない」とあきらめていたのですが、「１００年以上不動だった法律も、改正することが可能なんだ！」ということは被害者や女性たちに大きな希望を与えました。

残された大きな課題——暴行・脅迫等の要件の壁

しかし、この刑法改正では、議論されなかった重大な問題があります。それは、強制性交等罪、準強制性交等罪が成立するのに要求される高いハードル・要件です。

２０１７年の法改正を受けて、それまでの強姦、準強姦罪の規定は、改正後には、強制性交等罪、準強制性交等罪として以下の条文になりました。

刑法１７７条（強制性交等罪）

十三歳以上の者に対し、暴行又は脅迫を用いて性交、肛門性交又は口腔性交（以下「性交等」という。）をした者は、強制性交等の罪とし、五年以上の有期懲役に処する。十三歳未満の者に対し、性交等をした者も、同様とする。

刑法１７８条２項（準強制わいせつ及び準強制性交等罪）

人の心神喪失若しくは抗拒不能に乗じ、又は心神を喪失させ、若しくは抗拒不能にさせて、性交等をした者は、前条の例による。

注目していただきたいのは、**単に「無理やり性行為をされた」「意に反して性行為をされた」というだけでは犯罪と認められない**、ということです。

まず、強制性交等罪が成立するためには、「暴行」または「脅迫」が要件とされています。また、準強制性交等罪が成立するためには、「心神喪失若しくは抗拒不能」という要件が課されます。冒頭の岡崎の性虐待事件で鍵となった概念ですね。

改正前の強姦罪のときからそうでしたが、この要件が厳しいため、警察に行っても門前払い、たとえ警察が捜査をしてくれても不起訴で涙を呑む、というケースが後を絶ちませんでした。この要件のために、強姦・準強姦として起訴され有罪になるハードルがとても高く、多くの被害者が涙を呑んできたのです。

そこで、2017年の改正にあたり、被害者団体、被害者支援団体はこの要件の見直しを強く求め、法務省の有識者の会合でも議論がされましたが、結局「強制性交等罪」「準強制性交等罪」に名前が変わった後もこの点は見直されず、要件は手つかずのままとなってしまったのです。

ただし、今後の課題として、国会では「附帯決議」というものが採択され、より被害者に寄り添った対応をすることが呼びかけられました。

以下は、衆議院で採択された附帯決議ですが、参議院でも同様の附帯決議が採択されています。

刑法の一部を改正する法律案に対する附帯決議

政府及び最高裁判所は、本法の施行に当たり、次の事項について格段の配慮をすべきである。

一　性犯罪が、被害者の人格や尊厳を著しく侵害する悪質重大な犯罪であることはもとより、その心身に長年にわたり多大な苦痛を与え続ける犯罪であって、厳正な対処が必要であるものとの認識の下、近年の性犯罪の実情等に鑑み、事案の実態に即した対処をするための法整備を行うという本法の趣旨を踏まえ、本法が成立するに至る経緯、本法の規定内容等について、関係機関及び裁判所の職員等に対して周知すること。

二　刑法第百七十六条及び第百七十七条における「暴行又は脅迫」並びに刑法第百七十八条における「抗拒不能」の認定について、被害者と相手方との関係性や被害者の心理をより一層適切に踏まえてなされる必要があるとの指摘がなされていることに鑑み、これらに関連する心理学的・精神医学的知見等について調査研究を推進するとともに、司法警察職員、検察官及び裁判官に対して、性犯罪に直面した被害者の心理等についてこれらの知見を踏まえた研修を行うこと。

三　性犯罪に係る刑事事件の捜査及び公判の過程において、被害者のプライバシー、生活の平穏その他の権利利益に十分な配慮がなされ、偏見に基づく不当な取扱いを受けることがないようにし、二次被害の防止に努めるとともに、被害の実態を十分に踏まえて適切な証拠保全を図り、かつ、起訴・不起訴等の処分を行うに当たっては、被害者の心情に配慮するとともに、必要に応じ、処分の理由等について丁寧な説明に努めること。

四　性犯罪被害が潜在化しやすいことを踏まえ、第三次犯罪被害者等基本計画等に従い、性犯罪等被害に関する調査を実施し、性犯罪等被害の実態把握に努めること。

五　刑事訴訟法等の一部を改正する法律（平成二十八年法律第五十四号）附則第九条第三項の規定

により起訴状等における被害者の氏名の秘匿に係る措置についての検討を行うに際しては、性犯罪に係る刑事事件の捜査及び公判の実情や、被害者の再被害のおそれに配慮すべきであるとの指摘をも踏まえて検討を行うこと。

六　性犯罪が重大かつ深刻な被害を生じさせる上、性犯罪被害者がその被害の性質上支援を求めることが困難であるという性犯罪による被害の特性を踏まえ、被害者の負担の軽減や被害の潜在化の防止等のため、第三次犯罪被害者等基本計画に従い、ワンストップ支援センターの整備を推進すること。

また、この刑法改正には附則第9条という条文が付け加えられ、**「政府は、この法律の施行後三年を目途として、性犯罪における被害の実情、この法律による改正後の規定の施行の状況等を勘案し、性犯罪に係る事案の実態に即した対処を行うための施策の在り方について検討を加え、必要があると認めるときは、その結果に基づいて所要の措置を講ずるものとする。」**との規定が盛り込まれました。

3年後に必要があれば刑法は再改正を検討する、という見直し条項です。

もっと被害者を守れる、より良い制度を実現するために、以下のような法改正が課題として残ったのです。

・レイプにおける暴行・脅迫などの要件をなくすことにより、同意なき性行為を広く処罰対象とすること
・未成年者の性的自己決定権に配慮する形で性交同意年齢を引き上げること
・地位や関係性を利用した性行為に対する処罰を拡大すること
・性犯罪に関する公訴時効を撤廃又は停止すること
・セクシュアル・ハラスメントを犯罪とすること

この刑法改正、もうすぐ施行後3年を迎えますが、はたして刑法を再び被害者の思いを反映した形で変えることができるでしょうか。

第3章
性暴力被害者を待ち受ける高いハードル

無理やり性行為をされるという被害は、実際にはどれくらいあるのでしょうか。まずは、客観的なデータから、日本における性被害の現状を見てみましょう。

内閣府の実施した「男女間における暴力に関する調査」（2017年度調査）によると、女性の7・8％（13人に1人）、男性の1・5％（67人に1人）が、無理やりに性交などをされた経験があると答えています。2017年の女性の総人口は約6462万人、13人に1人というのは約500万人です。13人に1人が性被害にあっている、これは大変なことだと思いませんか。あなたの友人やクラスメートのなかでも1～2人は性被害にあっている計算になります。

被害者が報われない現状

では、被害にあった方々は社会から適切なケアや保護を受けているのでしょうか。そして加害者は被害を与えた重さに等しい制裁を受けているのでしょうか。

内閣府の「男女間における暴力に関する調査」では、性的な被害にあった人のうち、被害の後に誰かに「相談した」と回答した人は39・0％で、女性が38・3％、男性が43・5％、それ以外の人たち、マジョリティは誰にも相談しなかったといいます。

また、このうち、警察に通報・相談したというケースは、3・7％で、女性が2・8％、男性が8・7％にすぎません。特に、女性で警察に行く人は3％にも満たず、極端に少ないのです。

内閣府の調査によれば、誰にも相談しなかった理由として、恥ずかしかった、思い出したくなかった、自分さえ我慢すればいいと思った、どこに相談してよいかわからなかった、相談しても無駄だと思った、自分にも悪いところがあると思ったなどの回答があげられています。

「相談しても無駄」「どこに相談してよいかわからなかった」という答えを見ると、性暴力の被害者に対する社会の支援や対応が行き届いておらず、安心して相談できる場所や仕組みが十分でないことがわかります。

また、「自分にも悪いところがある」、これは社会に浸透した「被害者にも落ち度がある」

という考え方に基づくものではないでしょうか。

自分が被害にあったのに、なかなか周囲にも相談できない、周囲から責められることを恐れて声をあげられない。それはとても深刻なことだと私は思います。


それでは、勇気を出して警察に行った被害者の方々は、その後どのような取り扱いを受けるのでしょうか。

警察庁によると、2018年の強制性交等罪の認知件数は1307件です。無理やり性暴力を受けた経験のある人の数の全体からすれば約0・03%にすぎません。

性的な被害にあった人の多くが、警察に相談していない、あるいは、警察に相談しても認知されていないということになります（表1）。


そして、仮に被害相談が「被害届」として受け付けられたとしても、起訴され、有罪になる割合は著しく低いのが現状です。

2017年に全国の検察庁が取り扱った強制性交等罪のうち、起訴された事例は32・7

表1　強制性交等（強姦）の認知件数と検挙件数の推移

	強制性交等の認知件数	強制性交等の検挙件数
2007年	1,766	1,394
2008年	1,590	1,326
2009年	1,415	1,163
2010年	1,293	1,063
2011年	1,193	993
2012年	1,266	1,097
2013年	1,409	1,163
2014年	1,250	1,100
2015年	1,167	1,114
2016年	989	970
2017年	1,109	1,027
2018年	1,307	1,190

出典：警察庁「犯罪情勢」と「刑法犯に関する統計資料」「犯罪統計資料（平成30年1～12月分）」より著者作成

%に過ぎません。

驚くべきことですが、起訴される割合は、2005年には65・8%だったのに、2017年には32・7%にまで下がり続けています(表2)。

70%近い人たちが、**勇気を出して警察に行き、被害届を出したにもかかわらず加害者が罪に問われない、という結果に直面してしまう**、それが現状なのです。

罪に問えないのであれば、あえてつらい思いをするのに、警察に通報する人は少ないでしょう。こうして性暴力は、警察に届け出られないまま、静かに増殖し続け、被害が拡大しているのではないでしょうか。

たしかに、人違いなどのケースや身に覚えがないのに疑われているケースもあるかと思います。2000年代に入ってから日本では刑事司法の改革が進み、起訴される前から弁護士が駆けつける体制が充実しつつあります。自白の強要などが許されない、という人権意識の向上も歓迎すべきことです。

しかし、こんなにも不起訴が増えているのはなぜでしょう?

表2　強制性交等（強姦）の起訴率の推移

	起訴	不起訴	起訴率
2005 年	1027	533	65.8%
2006 年	953	603	61.2%
2007 年	885	738	54.5%
2008 年	789	723	52.2%
2009 年	662	716	48.0%
2010 年	568	689	45.2%
2011 年	561	609	47.9%
2012 年	554	547	50.3%
2013 年	531	690	43.5%
2014 年	448	755	37.2%
2015 年	453	832	35.3%
2016 年	370	656	36.1%
2017 年	354	730	32.7%

出典：検察統計調査　被疑事件の罪名別起訴人員、不起訴人員及び起訴率の累年比較

日本では被害者が勇気を出して訴えても、加害行為が性犯罪と認められるためのハードルが高く、法改正後もそれは変わらない、そのことが重くのしかかって、こうした数字に行きついたのではないでしょうか。

統計だけではなかなかぴんと来ないかもしれませんので、性暴力の被害にあった方が、被害を警察に申告し、加害者を罰してもらうために、また加害者から補償をしてもらうために、どんな道のりを歩まなければならないのか、見ていくことにします。

被害にあった人が加害者を罪に問うために求められること

「レイプの被害にあった……」自分では明確に記憶している、忘れることができない被害事実。しかし、相手が事実を否定すれば、相手を加害者として裁くことも処罰することもできません。レイプが認められるためには、刑事裁判で以下のことを検察側が立証すべきとされています。

①　性交があったこと
②　意に反していたこと
③　暴行・脅迫、または心神喪失、抗拒不能という状況があったこと
④　加害者に故意があったこと

そのため、被害者の方が警察に被害を相談しに行く際にも、これらのことが問われます。警察は、被害者の方の話を聞いて、刑事裁判で加害者を有罪にできるための証拠を集めます。そして、検察官は、有罪にするために十分な証拠が集まった、と確認できたときに事件を起訴することになります。

それでは各項目について、詳しく見てみましょう。

①　裁判では、まず性交をされたことを証明することが必要になります。

加害者は「性交なんてそもそもしなかった」と言うかもしれません。そう言われたときに、何の証拠もないと、起訴は非常に難しくなります。

性交されたことを証明するためには、相手の精液、体液のＤＮＡ証拠が有力な証拠となります。

しかし、すぐに産婦人科に行って緊急避妊ピルの処方を受けたとしても、膣からＤＮＡを採取してもらうというところまで言い出せない、思いつかない、という方は多いでしょう。

また、衣服や下着に相手のＤＮＡが付着しているとしても、気持ちが悪くてすぐに洗濯してしまった、悔しくて汚くて全部捨ててしまった、という場合もよくあります。

ショックとトラウマでなかなか警察に行けず、数ヶ月経ってから警察に行く、という場合、立件はなかなか厳しい、と言われてしまうこともしばしばです。

そこで、できる限り早く警察に行ったり、病院で検査してもらうことを強くお勧めしたいと思います。

ただ、ＤＮＡ証拠がとれないとしても、メールなどのその後のやりとりで被告が性交したことを認めていたり、犯行現場やホテルに防犯カメラが設置されていて犯行が撮影されていたり、ホテルに宿泊したことが証明される、などの方法を使って、ＤＮＡ証拠とは別のかたちで性交があったことを証明できる場合もあります。

次に、具体的な事実関係も証明される必要があります。

いつ、どこで、誰が、何を、どのように、ということを明確にする必要があります。突然襲われて犯人は誰かわからないし、手がかりもない、動転していたり、酔っていて、犯行現場がどこかわからない、ということもあるかもしれませんが、できる限り手がかりを探して犯行現場にたどり着く、犯人にたどり着く、ということが求められます。

②第二のハードルとなるのが、加害者側からの「合意があった」という主張にどう対応するかです。

加害者の多くは性交には「合意があった」と主張します。条文には「合意がなかったこと」という要件はありません。しかしそれでも、「合意」の有無は一大争点になるのです。

そして、加害者側の「合意があった」という言い分に、不思議と検察も裁判所も耳を傾けてしまうことがあるのです。

特に、加害者と顔見知りのケースでは安易に「合意があったのではないか」と認定されがちです。また、一緒に食事に行ったから、一緒に飲みに行ったから、一緒に車に乗ったから、被害者の同意があった、という言い訳はよく使われます。

食事をOKしても、だからと言って性行為もOKということではけっしてないはずです。ところが、性行為の前に何かを一緒にしていた、という場合には、司法は被害者に対して「本当は合意があったのではないのか」と疑いの目を向けることがしばしばです。

これは、日本の司法制度において性暴力に関する理解がいかに低いものであるか、を示しているといえるでしょう。

③ 第三のハードルが、「暴行」「脅迫」または「心神喪失」「抗拒不能」の要件です。

仮に合意がなかった、ということに検察官が納得しても、次は「暴行」「脅迫」という証拠が固まらないと、起訴は見送られてしまいます。

このうち、暴行、脅迫ですが、刑法の「暴行」「脅迫」は、非常に強い程度であることが求められます。専門用語では、「被害者の抵抗を著しく困難にする程度」の暴行や脅迫でなければならないとされています。

刑法には「暴行」という言葉がたくさん登場しますが、同じ「暴行」でもランクがあり、広義の暴行、狭義の暴行など、程度が分かれています。このなかでも、強制性交等罪が成立するために必要とされる程度の暴行は、もっとも強いもの、「最狭義の暴行」である必要がある、とされています。

・最広義の暴行
　人に対すると物に対するとを問わず、不法な有形力行使のすべて。内乱罪などに適用される。
・広義の暴行
　人に対する直接・間接の有形力の行使をいい、人の身体に対して加えられるのと物に対して加えられるのとを問わない。公務執行妨害罪や強要罪に適用される。

・狭義の暴行
人の身体に対する直接・間接の有形力の行使。暴行罪に適用される。
・最狭義の暴行
人の反抗を抑圧するのに足りる程度の人に対する有形力の行使。強盗罪、強制性交等罪に適用される。

公務執行妨害罪が成立するには広義の暴行があれば足りるのに対し、強制性交等罪は最狭義の暴行がなければ成立しません。

このことをどう思われますか？ 人の性的自由というのは、公務より著しく軽く見られているのです。

次に、準強制性交等罪の場合は、**要件として、「心神喪失」または「抗拒不能」がないと成立しません。**

「心神喪失」とは、精神または意識の障害によって性的行為について正常な判断ができない状態にあること、とされ、「抗拒不能」とは、心神喪失以外の理由で、物理的・心理的に抵抗できないか、または抵抗するのが著しく困難な状態にあること、とされています。

このハードルがとても厳しいことは、第1章でみてきたとおりです。

被害者は、「抗拒不能」だった状況について、捜査の過程でも裁判でも繰り返し「どうして抵抗できなかったのか」を説明することが求められます。

多くの被害者が「その程度のことであれば逃げればよかったではないか」「ほんとうは合意があったのではないか」などと言われて傷つき、しばしば不起訴や無罪という結論を突きつけられてしまっています。

さらに、被害者にとって困難なのが、自分の意識がほとんどない状態でレイプをされていた、というときです。

自分では何が起きたのかさっぱりわからないなかで、記憶も意識もない出来事について証明をしなければならない、これは大変な負担を伴うことです。

不本意に意識がなくなってしまった場合は、レイプドラッグと言われる薬物を盛られてしまった可能性もあるでしょう。また、一気飲みを強要されるなどして、泥酔させられ、抵抗できなかったという場合もあるでしょう。

しかし、泥酔の証明というのは容易ではありません。

また、レイプドラッグと呼ばれる薬は、すぐに体内からなくなってしまい、尿検査をしても検出されない、といわれることが多いのが現状です。一刻も早く警察に行って証拠を採取してもらうことがとても大切です。

④ 最後に立ちはだかるのが「故意の壁」です。

強制性交等罪、準強制性交等罪が成立するためには、加害者の「故意」が必要です。

加害者が「彼女も同意していたと錯覚した」「彼女が恐怖心から拒絶できない状況だとは認識していなかった」「たしかに酒に酔っていたけど、泥酔していたとは思わなかった」。

そんなことを言われてしまうと、「故意がない」ということで、不起訴になってしまうのが現状です。

どの程度証明しないといけないのか？

刑事裁判には、「無罪推定の原則」というものがあります。どこかで聞いたことがあるのではないでしょうか。

真犯人でもないのに有罪判決を受けて投獄されたり死刑になったりする、それは取り返しのつかないことですね。そうした人権侵害を防ぐため、誤って無実の人を処罰しないために、逮捕されたり起訴された人でも、証拠によって犯罪が証明されない限り無罪と推定されなければならない、そして裁判で証拠が提出されても、まだその人が犯罪を犯したことについて証明が十分でない、疑わしさが残る、という場合は、「疑わしきは被告人の利益に」なるように判断をしなければならないという原則があります。

実をいうと、日本ではこの原則が形骸化していて、有罪率は99％近いといわれています。

とはいえ、疑問符がいっぱいつくような無罪判決もないわけではありません。

そして検察庁は、起訴した結果、無罪になってしまうのを回避するために、証拠が十分に集まらないと判断した事件は不起訴にします。

特に日本の検察庁は、「負け勝負をしたくない」という意識が強く、無罪判決を非常に嫌います。そこで、証拠が手堅い、といえない場合、無罪のリスクがあると思う場合は、不起訴にする傾向があるといわれています。

先ほど見たとおり、性犯罪について起訴される割合はどんどん下がり、現在は約30％に留まっています。


そして仮に検察が性犯罪事件について起訴しても、前述の検察側が立証すべき4つの要件の①から④のうちのひとつでも、裁判官が「有罪にするためには合理的な疑いがある」と判断すれば、無罪になってしまう、それが現状なのです。

被害者にとってつらい刑事裁判の手続き

とてもハードルが高い性犯罪の立証。

それでも、警察に行かないと捜査ははじまりません。そして、被害にあってからできるだけ早い時期に警察に行くことによって、証拠保全も進み、起訴しやすくなります。

ところが、警察に相談に行っても、被害届すら提出させてもらえず、追い返されてしまう案件も少なくありません。

被害届を受け取ってしまうと警察としては立件しないといけない、捜査に着手しないといけないので、「見通しが大変そうだ」などと思うと、たんなる相談で終わらせてしまうのではないか、これは被害者支援団体などから起きる推測です。

被害者の方をサポートするために、被害者と一緒に警察に同行し、被害届を受け取ってもらうようプッシュする、というのも弁護士の仕事ですので、私も時々同行して被害届を受け付けてもらうことがあります。

ようやく被害届を提出することができ、捜査がはじまっても、警察の取調べはつらいものです。

事情聴取には何時間も時間がかかります。何度も何度も思い出したくもない被害事実に向かい合わないといけません。何が起きたか、どんな性行為をしたのかを詳細に思い出しながら話さないといけませんし、その時々の気持ちについても説明を求められます。男性経験の有無など、プライベートなことを男性警察官に聞かれたり、「どうして抵抗できなかったのか」「性行為に同意していたのではないのか」「あなたに落ち度があったのではないのか」などと責めるようなことを言われたりもします。

犯行現場の再現に立ち会って追体験するような現場検証に立ち会うことも求められます。

ここで、答えたくないことには答えなくていいし、フラッシュバックが起きてしまうような実況見分についてはけっして無理しないでください。

捜査のプロセスを一人だけで担うのは大変ですので、友人や知人に相談し、心の支えになってもらうことをお勧めします。また、弁護士や相談支援員などのサポートを得ることもぜひ検討してほしいと思います。

しかし、残念なことに、現在、性犯罪の被害を警察に申告した事件のうち、約6〜7割が不起訴になっている、というのが現実です。しかも、不起訴になる場合に、不起訴の理由が書面でしっかりと示されるわけでもなく、証拠を見せてもらうこともできず、何もかもが納得いかないまま終了してしまいます。

突然、検察官に呼ばれて出かけていくと「不起訴になるから」などと言われ、十分な説明もないままに加害者と示談をするよう強く説得されるケースも少なくありません。

不起訴になって加害者と連絡もとれなくなってしまえばどうすることもできないから、ということで、泣く泣くとても低い金額で示談をする被害者の方も少なくありません。

第9章で紹介する、日本で初めて#MeTooの声をあげたといわれる人、ジャーナリストの伊藤詩織さんがご自身の性被害の体験を書かれた『Ｂｌａｃｋ Ｂｏｘ』(文藝春秋、2017年)という書籍がありますが、この本のなかで詩織さんは、不本意な示談を弁護士から勧められた体験を語ります。

「百万円とは誰が決めた金額なのだろうか？　その後の人生に大きく影響するこの性暴力に対し、費やさなくてはいけない時間、医療費などは計り知れない。何よりも、時間や精神的苦痛はお金に変えられるものではない。しかし、わずかなお金をもらって示談にするケースはよくある、と弁護士は言う。なぜなら、この国の法律では、性犯罪者が法的に裁かれること自体が難しいのだから。そして捜査の過程や法廷で起こることは、被害者にとって大きな苦痛となる」

詩織さんが示談を拒絶した後、彼女が訴えた事件は不起訴となってしまいます。そして不起訴となった理由は明確に示されませんでした。まさにＢｌａｃｋＢｏｘです。

起訴された場合

事件が起訴された場合はどうでしょうか。

統計上多くのケースでは有罪判決が出ています。多くのケースで被告人は事実を認めて争わず、反省の弁を述べるなどして、それを踏まえて裁判官が刑を言い渡します。

一方で、被告人が事実を争うケースでは、裁判で被害者が証言をさせられ、被告人の弁護人から厳しい反対尋問を受けることになります。

最初の頃の供述調書と、その後の供述調書の間の些細な記憶違いによる変遷や矛盾についてしつこく聞かれたあげく、「信用性がない」「嘘を言っている」という前提で、厳しく質問されてしまうかもしれません。

それでも証言台にまで立って頑張っても、結果が無罪、ということであれば、立ち直れない気持ちになりますね。判決のなかで「落ち度があった」「合意だった可能性がある」などと指摘され、さらに傷ついてしまう方もいるでしょう。

それでも変わってきたシステム

それでも犯罪被害者の声を受けて、刑事裁判における被害者の権利は少しずつ認められるようになってきました。

①証人尋問の際の配慮

証人尋問の際に、犯人がいる法廷で証言を求められることは本当に耐えがたいことです。

2000年の法改正の結果、裁判所の判断で、証人出廷の際に、⑴証人への付添い、⑵証人への遮へい、⑶ビデオリンク方式での証人尋問の措置をとることができる道が開かれました(刑事訴訟法157条2〜4)。法廷についたてを立てて、被告人の顔を見ることなく証言したり、法廷とは別の場所で証言することが可能になったのです。

② 被害者のプライバシー配慮

2007年の法改正では被害者のプライバシーへの配慮について明文の規定が導入されました。

裁判所は、公開の法廷で性犯罪等の被害者の氏名等を明らかにしない旨の決定をすることができることとし、この場合において、起訴状の朗読等の訴訟手続は、被害者の氏名等を明らかにしない方法により行うことになりました(刑訴法290条の2等)。

また、検察官は、証拠開示の際に、被害者の氏名等が明らかにされることにより、被害者の名誉が害され、あるいは被害者に危害が加えられるリスクがあると認められる場合等には、弁護人に対し、被害者の氏名等が知られないようにすることを求めることができることとされました（刑訴法299条の3）。

③「被害者参加制度」「意見陳述制度」

かつて、被害者の方は、刑事裁判では「証人」として扱われ、裁判に主体的に参加したり意見を述べることができませんでした。

それではおかしい、という声があがり、性犯罪等の事件では、被害者の方々が、刑事裁判に参加して、公判期日に出席したり、被告人質問などを行うことができるようになりました。

さらには法廷で意見を述べることができる「意見陳述」が制度として導入されました（刑事訴訟法316条の33〜39）。

④「損害賠償命令制度」

刑事裁判で有罪とされても、被害者が別途民事の損害賠償請求訴訟を提起しないと賠償命令が出されないということでは、被害者は多大な負担を強いられることになります。

そこで、2007年の法改正で、被害者が刑事裁判手続のなかで、起訴状に記載された犯罪事実に基づき、その犯罪によって生じた損害の賠償を請求することができる制度が導入されました。

被告人に有罪判決が出された場合、判決を下した裁判部がそのまま審理を継続して、民事の賠償命令を下すことになりました。

被害者に冷たい日本の司法システムも、被害者が声をあげることで、それでも少しずつ変わってきました。私たちが声をあげることでもっと変えていくことも不可能ではないはずです。

第4章
なぜレイプ事件の多くが不起訴になるのか？

スポーツクラブで出会ったオジサンが豹変する

2017年のある日の未明、19歳の未成年女性がその前夜に初めて会ったばかりの男性から無理やり性交される被害にあいました。

彼女、E子さんは専門学校生。お母さんと一緒に近所のスポーツクラブに入ったばかりで、その日はお母さんと一緒ではなく、一人でスポーツクラブに訪れた初めての日でした。はにかみやで戸惑っていた彼女に気さくなおじさんが声をかけ、器具の使い方などを教えてくれました。夜の9時にトレーニングを終えて外に出ると、そのおじさんがニコニコとスポーツクラブの出入口に立っていて「飲みに行かない？」と誘います。

同年代の彼氏と交際していた彼女にとって、年の離れたおじさんはもちろんデートの対象ではありません。でも、せっかく入ったスポーツクラブで声をかけてくれたおじさんと打ち解けておいたほうがいいかな、と彼女は思い、近くの飲み屋に自転車をひいて一緒に行きます。

他愛ないと思われた近所のおじさんとの交流、それがすぐに性暴力被害に暗転します。

一軒目で飲んでいる最中に彼女はかなり酔いが回ってしまいます。ふらふらしていたので、早く家に帰ろうとする彼女を、男は強引に二軒目のバーに連れて行きました。

二軒目に入った頃には彼女は気分が悪く、眠くなってしまい、テーブルに顔を突っ伏して寝ていたり、トイレに入ったり、彼女はその店で何をしていたか、ほとんど記憶がありません。

その晩、彼女はあわせて６杯も飲酒して、酩酊状態にあったのです。

店の人が心配してタクシーを呼んでくれ、「タクシーが来たよ」という声が聞こえた後、彼女の記憶はなくなります。泥酔状態のままタクシーに乗せられ、運び込まれた場所は、自宅ではなく、おじさん＝男の家でした。

タクシーから降りたところで意識を取り戻した彼女は、男の家についてからもしばらく、酔った自分を見かねて連れてきてくれたのか、と思っていました。トイレに行った後、足元がふらふらしたまま男のいる部屋になだれ込んだところ、男は変貌します。彼女は衣服を脱がされて裸にされ、裸の姿を動画で撮影されたのです。

まさか自分に性行為をするなどと思っていなかった、気さくなおじさんが加害者になる、その事態に彼女は精神的に著しく混乱し、恐怖を感じます。そして、裸の動画をばらまかれるのではないか、そうなったらどうしよう、と羞恥心でいっぱいになります。

「動画はやめてください」と訴えても男は撮影をやめません。彼女は顔を髪の毛で隠し、体を後ろに向けて、動画を撮られないように精一杯自分を守ろうとしていると、男が自分に体を密着させて性交しようとしてきます。

彼女は自分のできる範囲で、手を使って男の体が近づいてこないように押さえようとするなど、抵抗を試みましたが、力の差もあり、まだ酩酊して体に力が入らないこともあり、手はすぐに払いのけられてしまいました。

こうして彼女は男に無理やり性交されてしまったのです。ひどい話だと思いませんか。

彼女は性交されている間、悔しくて悲しくて、泣き叫んで抵抗しようとしました。しかし、男は「うるせえ、殺すぞ」と脅し、毛布を顔の上からかぶせ、彼女は「本当に殺される」と著しい恐怖心を感じました。抵抗できなくなった彼女はその後も性交されたのです。

性交が終わると彼女は部屋から脱出を試みますが、家を出ようとすると男もついてきました。家の外に出てからも男はなかなか彼女のもとを立ち去りません。彼女は、交際相手に「助けて」「ごめん」などとラインでメッセージを送ります。

しばらくして男がようやく離れたので、彼女は交際相手の彼氏に電話をかけて泣きじゃくりました。すると、彼女の様子を監視していた男が再び現れ、「誰に電話かけてるの？」などと問い詰めだし、彼女と口論になり、「撮影した動画をばらまくぞ」などと脅したのです。

口論になっている最中の様子を彼氏は電話口で聞いており、近くに住む友人に現場に駆けつけてもらい、ようやく男は諦めて彼女の元を去りました。

捜査はどうなったのか

彼女はこの日の朝には自宅に戻って母親に事情を説明、その日のうちに警察に被害届を提出し、病院で検査も受けました。

警察はほどなく男を逮捕、彼女は、当然犯人が起訴されるはずだと思っていました。

警察での事情聴取を終え、今度は検察官から事情聴取を受ける日がきて、彼女は検察庁に行きます。すると検事は逮捕された容疑者が撮影した動画を見ながら、「動画を見ると、君は『動画を撮るのをやめてください』とは言っているけれど、性行為をやめてください」とは言っていないね」と彼女に言ったというのです。

そして、事情聴取をろくにしないまま「もうすぐ容疑者を釈放するから。この事件は起訴できない」と言ったのです。彼女はあまりのことにショックを受けました。


こうして私はE子さんから相談を受け、事件に代理人として関与することになりました。「どうしてそんなに簡単に不起訴にできるの？」私は強く憤りを感じました。

早速、検察官に会いに行き、何度も説明を求めたり意見書の提出をしたり、再捜査も要請しました。検察官はこれに応じて再捜査も行ったとしています。しかし、最終的な結論はやはり不起訴だったのです。

検察官から説明を受けて、E子さんは検察庁で悔し涙を流しました。彼女の涙は止まらずに流れ続け、彼女の傷つけられた心のなかでは血が流れているように私は感じました。彼女は、事件後スポーツクラブもやめ、専門学校もやめました。ＰＴＳＤ症状から対人関係も難しく、就職ができずにいます。

意に反する性行為であることは明らか

この事例では、言い分に対立があったり事実関係について加害者が否認する部分がありました。しかし、以下の点は争いのない事実でした。

①本件で、被害者と加害者は前日にスポーツクラブで初対面であり、交際関係などがなかったこと
②被害者には当時交際相手がいたこと
③被害者が未成年であり、被害者と加害者の間の年齢差が大きく、被害者にとっての恋愛対象ではないこと

④被害者が被害当時、未成年者としてはあまりにも過量な6杯のアルコールを飲酒させられ、一時意識を失うほど強く酩酊していたこと

⑤加害者は、被害者の衣服を脱がせ、性行為をするまでの間に動画撮影をしており、被害者は「動画を撮らないでください」と申し出ているにもかかわらず動画の撮影が続けられていること

⑥加害者宅から逃れ、加害者と別れた直後に被害者が交際相手に電話をして被害を相談していること

⑦⑥の最中に加害者が引き返して被害者との間で口論となり、加害者が被害者を脅すなどして、その内容を被害者の交際相手が電話越しに聞いていること

⑧口論の過程で、被害者に対し「性行為の動画をばらまく」と脅したことを加害者が認めていること

⑨翌朝には被害者が警察に対し、被害申告をしていること

ここから、被害者の意に反する性行為だった、という事実が強く浮かび上がってきます。

強制性交にも、準強制性交にもあてはまらない

E子さんは、飲酒酩酊を通り越して泥酔状態で意識を失っていました。無理やり性交をされたときには意識を回復していましたが、それでも自力で歩くこともできず、意識もはっきりしていなかったのです。

それでも「意識が戻った」ということで、「抗拒不能」とはみなされませんでした。彼女は「動画を撮らないでください」と述べたり、性交されないように手で性器を抑えて抵抗し、さらに性交されている最中も泣き叫んで抵抗しようとしました。

しかし、そのような抵抗は、体力差からみても、深刻な酩酊状態で体に力が入らず、しかも突然裸にされ、裸の動画を撮影され、レイプされそうになって極度に混乱している状況のもと、加害者との関係ではほとんど抵抗になっていないレベルのささやかなものにすぎませんでした。

少しでも抵抗できていたのであれば「抗拒不能」とは言えない、という認定はあまりにも被害者に酷です。

一方で、検察官は、彼女の抵抗が弱かったことから、加害者の行為は強制性交等罪の「暴行」にあたらないと判断しました。

彼女は、「うるせえ、殺すぞ」と脅され、毛布を頭からかぶせられてとても怖かったと訴えています。一方で、加害者はそのようなことをしたことを否定、密室で起きた出来事であるため、そのような行動があったと立証はできない、という結論になったのです。

しかし、飲酒酩酊させて泥酔状態にして未成年の女性を無力で抵抗できない状態に陥れたうえで、裸の動画を撮影して抵抗を著しく困難とさせて、性交を強要する行為が何の罪にも問われないというのは明らかに不当ではないでしょうか。

特に、性的な動画の撮影・拡散はとても深刻な社会問題になっており、ひとたびインターネットに拡散した性的な動画はほぼ永久に消去できないとして、女性たちを恐怖に陥れています。そんな手段を使って女性を精神的に追い詰めて無理やり性交をするという、事の深刻さ・悪質さを検察庁が正しく理解しているとは到底思えません。

それでは、本件でレイプが認められるために、彼女はどうすればよかったのか。ささやかな抵抗をしたために「抗拒不能」と認められないのだとすれば、抵抗しなければよかったということでしょうか。

法が被害者にそのようなことを要求するのは、とても残酷な話だと思います。逆に、彼女が抵抗していなければ、「同意があった」「同意があったと誤解した」とされてやはり無罪・不起訴とされていたかもしれません。

一体彼女がどうすれば、この事件でレイプが認められたというのでしょう。

意に反して性交されていることが明らかなのに、強制性交等罪の「暴行」「脅迫」、準強制性交等罪の「抗拒不能」がどれも認められず、罪に問えないとすれば、あまりに不合理ではないでしょうか。

不起訴になった場合、被害者にできること

不起訴になってしまった場合も、まだ被害者にはできることが残されています。

日本には検察審査会という制度があり、国民から選ばれた検察審査委員たちがもう一度事件について検討し、不起訴という判断が正当だったのかを審査する手続きがあります。

検察審査会は、衆議院議員の選挙権を有する国民のなかからクジで選ばれた11人の検察審査員によって構成され、検察官が下した不起訴処分の当否を審査する、とされています。性犯罪の事件についても、不起訴処分に納得のいかない場合は検察審査会に申立てを行い、不起訴が正しかったのか審査をしてもらうことができます。


審査には、記録の検討だけでなく証人尋問も含まれる場合があるとされています。

検察審査会では、審査の結果、不起訴相当（不起訴処分は相当であるという議決）、不起訴不当（不起訴処分は不相当であり再度しっかり捜査すべきという議決）、起訴相当（起訴するのが相当であるという議決）のいずれかの議決をします。

不起訴不当、起訴相当という判断が出た場合には、検察官は事件を再捜査、再検討することになりますが、起訴するか否かを最終的に決定するのは検察官となります。しかし、2009年の制度改正で、「起訴相当」という議決が2回出たケースについては必ず起訴するという「強制起訴」の制度が導入されました。ただし、「起訴相当」になるケースそのものが少なく、強制起訴になる事件は今もごく少数にとどまっています。

私は、E子さんに検察審査会への申立てを勧めてみました。しかし彼女は「検察審査会でもいい結論が出なかったら、自分の心のなかがどんな状態になるのか、とても心配」と言って、検察審査会に申立てることを躊躇しました。

性暴力被害にあった若い女性はただでさえ、対人恐怖症やPTSDなど困難を抱えています。「不起訴が不服なら検察審査会に申立てればいい」と言われるけれど、それがかえって被害者の心を傷つけることもあり、とても酷な言い分です。このような状況で、被害にあった人が希望の持てるシステムを、私たちの社会はもっていると言えるでしょうか。

民事訴訟という道

では、不起訴になった場合、被害者はそのまま泣き寝入りなのでしょうか。

仮に犯罪として処罰されないとしても、意に反して性行為を行うことは許されない人権侵害であり、暴力です。被害者は、不起訴のケースでも民事訴訟を提起して損害賠償を求めることができます。

不起訴になると、捜査段階で集められた証拠の重要部分が開示されないなどの限界がありますが、公開の法廷で証拠を提出しあい、被害者側（原告）、加害者側（被告）の尋問を行うなどして、不法行為があったと認められるかどうかを争うことができます。

民事訴訟の場合には、「疑わしきは被告人の利益に」の原則ではなく、証拠が優越していると認められた側が勝訴します。

簡単なことではありませんが、不起訴になっても民事訴訟で勝訴したり、民事訴訟で納得のいく和解ができて賠償金が支払われるケースもあるのです。

とは言っても、不起訴というショッキングな結果を受けて、被害者の方が自ら訴訟を提起して裁判を続けることが大変な負担であることには間違いありません。

第5章

「同意があったと思われても仕方がない」？

２０１７年6月21日、ＮＨＫのテレビ番組「あさイチ」が性暴力について特集番組を放送しました。そのなかで紹介された視聴者（男性）アンケート結果がこちらです。

性行為の同意があったと思われても仕方がないと思うもの（複数回答）

・２人きりで食事	11％
・２人きりで飲酒	27％
・２人きりで車に乗る	25％
・露出の多い服装	23％
・泥酔している	35％

私は大変ショックを受けました。なぜこれらの行為が、「性行為の同意」と受け取られるのでしょうか。

これでは怖くて、男性と食事に行ったり飲みに行くこともできないでしょう。

仕事の帰りに、「お疲れ様、ちょっと一杯反省会を兼ねてどう？」などと上司や仕事仲間の男性に仕事にかこつけて誘われると、誰でも断りにくいものです。それでＯＫしたからといって、性行為がＯＫだと誤解されてはたまったものではありません。

好意を抱いている男性と初デートの食事に行ったとしても、話が面白くなかったり、フィーリングが合わなければ次からもうデートには行かない、というのもよくあることです。性行為どころか次回のデートの保証だってないのです。

なぜ食事にＯＫしたから性行為もＯＫだと思い込むのでしょうか。

そして、露出の多い服装をしているからと言って、誰とでも性行為をしたいわけではないことも明らかでしょう。

泥酔していたら、必要なのは性行為ではなく、介抱したり病院に連れて行くことではないでしょうか。泥酔して意識がない状況にあるのに、どうして「同意があったと思われても仕方がない」という話になるのでしょうか。

こんな調査結果が、本当に世の男性の意識を示しているのだとしたら、由々しきことです。しかし、無理やり性行為をしているのに、何のペナルティもなければ、このような意識のまま加害行為を繰り返す男性は後を絶たないでしょう。

そして被害にあったことを周囲に訴えても、その女性は「仕方がないね、なぜお酒なんか飲みに行ったの？」「あなたにも落ち度があったのでは？」と言われてしまうのです。

レイプの「故意」

2019年3月、性犯罪についての刑事事件で、立て続けに4件の無罪判決が出されました。そのうち、2件は被害にあった女性が抗拒不能であったことを認めながら、被告人には故意がなかったとして無罪になった案件でした。

1件は福岡地裁久留米支部の判決、もう1件は静岡地裁浜松支部の判決です。このうち、ここでは福岡地裁久留米支部の判決に注目してみたいと思います。

報道を見てみましょう。


飲酒によって意識がもうろうとなっていた女性に性的暴行をしたとして、準強姦（ごうかん）罪に問われた福岡市博多区の会社役員の男性(44)に対し、福岡地裁久留米支部は12日、無罪(求刑・懲役4年)を言い渡した。西崎健児裁判長は「女性が拒否できない状態にあったことは認められるが、被告がそのことを認識していたと認められない」と述べた。

男性は2017年2月5日、福岡市の飲食店で当時22歳の女性が飲酒で深酔いして抵抗できない状況にある中、性的暴行をした、として起訴された。

判決で西崎裁判長は、「女性はテキーラなどを数回一気飲みさせられ、嘔吐(おうと)しても眠り込んでおり、抵抗できない状態だった」と認定。そのうえで、女性が目を開けたり、何度か声を出したりしたことなどから、「女性が許容している、と被告が誤信してしまうような状況にあった」と判断した。

「準強姦で起訴の男性会社役員に無罪判決 地裁久留米支部」毎日新聞2019年3月12日
https://mainichi.jp/articles/20190312/k00/00m/040/099000c

報道によれば、この事案で裁判所は、被害にあった女性はテキーラなどを数回にわたり一気飲みさせられ、嘔吐して眠り込んでいて、抵抗できない状態だったと事実認定をしています。ところが、被告人の言い分として、女性が目を開けたり、何度か声を出したりしていたことなどから「女性が許容している、と被告が誤信してしまうような状況があった」として無罪判決が言い渡されたのだ、と報道されています。

被告人は、女性が性行為に同意していると勘違いしてしまった、だから、故意がない、よって無罪だ、ということなのです。

このようなことが許されるでしょうか。

報道を前提とする限り、女性がテキーラを一気飲みさせられた後に嘔吐して眠り込んでしまい、抵抗できない状態だったことを被告人は認識できたはずです。

そもそも、若い女性に一気飲みを強要して泥酔させることは大変危険なことで、急性アルコール中毒で死亡するリスクもあり、そのような状況に居合わせた人がすべきことは救急車を呼んだり介抱することであって、性交することではありません。

また、酔いの状態は血中アルコール濃度の程度によって、「酩酊初期」「酩酊期」「泥酔期」「昏睡期」とどんどん深刻になり、泥酔期には、脳の海馬(記憶の中枢)が麻痺し、今やっていること、起きていることを記憶できない（ブラックアウト）状態になることが明らかになっています。

泥酔状態のときは、人は完全に無反応というわけではなく、まともに立てない、意識がはっきりしない、言語が支離滅裂になるなどの症状がありながら、完全に昏睡している状態ではないのです。

仮にこうしたことについて正確な知識がないとしても、泥酔させられた人が充分な意識もないまま、目を開けてしまったり、声を出すことがありえる、ということを大人は経験則で知っているはずです。酩酊・泥酔状態の人が本当に自分の行動のすべてを自覚し、意識しているとは到底言えない、そのことは経験上当然わかるはずではないでしょうか。目を開けたり声を出した、というだけで、なぜ同意があると誤信することができるのでしょうか。

仮に被告人がそのような弁解をしたとしても、それを信じて無罪としてしまう裁判所の感覚は大いに疑問と言わざるを得ません。

アルコール血中濃度と酔いの状態

	血中濃度（%）	酒量	酔いの状態		脳への影響
爽快期	0.02〜0.04	ビール中びん（〜1本） 日本酒（〜1合） ウイスキー・シングル（〜2杯）	•さわやかな気分になる •皮膚が赤くなる •陽気になる •判断力が少しにぶる	軽い酩酊	網様体が麻痺すると、理性をつかさどる大脳皮質の活動が低下し、抑えられていた大脳辺縁系（本能や感情をつかさどる）の活動が活発になる。 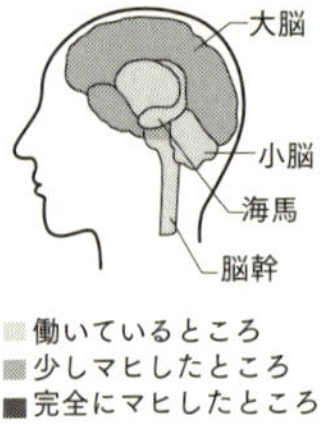
ほろ酔い期	0.05〜0.10	ビール中びん（1〜2本） 日本酒（1〜2合） ウイスキー・シングル（3杯）	•ほろ酔い気分になる •手の動きが活発になる •抑制がとれる（理性が失われる） •体温が上がる •脈が速くなる		
酩酊初期	0.11〜0.15	ビール中びん（3本） 日本酒（3合） ウイスキー・ダブル（3杯）	•気が大きくなる •大声でがなりたてる •怒りっぽくなる •立てばふらつく		
酩酊期	0.16〜0.30	ビール中びん（4〜6本） 日本酒（4〜6合） ウイスキー・ダブル（5杯）	•千鳥足になる •何度も同じことをしゃべる •呼吸が速くなる •吐き気・おう吐がおこる	強い酩酊	小脳まで麻痺が広がると、運動失調（千鳥足）状態になる。 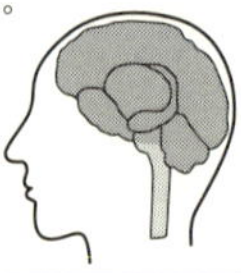
泥酔期	0.31〜0.40	ビール中びん（7〜10本） 日本酒（7合〜1升） ウイスキー・ボトル（1本）	•まともに立てない •意識がはっきりしない •言語がめちゃめちゃになる	麻痺	海馬（記憶の中枢）が麻痺すると、今やっていること、起きていることを記憶できない（ブラックアウト）状態になる。 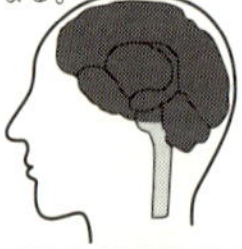
昏睡期	0.41〜0.50	ビール中びん（10本超） 日本酒（1升超） ウイスキー・ボトル（1本超）	ゆり動かしても起きない •大小便はたれ流しになる •呼吸はゆっくりと深い •死亡	死	麻痺が脳全体に広がると、呼吸中枢（延髄）も危ない状態となり、死にいたる。 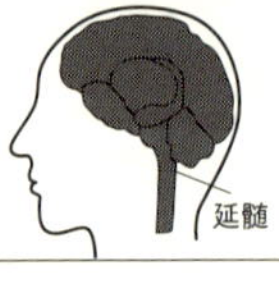

http://www.arukenkyo.or.jp/health/base/index.html
（出典）公益社団法人　アルコール健康医学協会

「抗拒不能」状態についても故意がないと無罪とされる

久留米支部の判決は、被害者が同意したと誤解した、という被告人の言い分が認められて無罪となったケースですが、被害者側が「抗拒不能」の状態にあるということが認められたのに、そういう状況にあることを認識できなかったという理由で故意が認められず、無罪になったケースもあります。

典型的なケースとして２０１４年12月の福岡高裁宮崎支部の判決があります。

この事件では、18歳になったばかりの高校生の被害者が、通っていた少年ゴルフ教室の主宰者・指導者で、父親より年長の被告人からホテルに車で連れ込まれ、性交された事案です。

被害者は、厳しい師弟関係のもと、恩師として尊敬していた被告人からゴルフの指導にかこつけて自宅から連れ出され、「お前は度胸がない。だからゴルフが伸びない」「俺とエッチをしたらお前のゴルフは変わる」など、指導にかこつけて二人でホテルに入ることを求められ、ホテルではベッドに寝かされ、被告人から順次性的な接触を深められ性交をされたという事案です。職権を濫用して、真面目な少女を犯す、まったくとんでもない話です。

裁判所は、被害者はキスされた際に消極的に抵抗したものの、その後は具体的に拒絶をすることができなかったと認定しています。

それでも裁判所は、恩師に裏切られた驚愕と強度の精神的混乱から、被害者が被告人に対して拒絶の意思を示したり、抵抗したりすることが著しく困難であったとして「抗拒不能」があったことを認めました。

しかし判決は、被害者が具体的に拒絶の意思を示していないし、被害者が異常な精神的混乱状態にあることが判別できるような状況にあったとは認められないと指摘し、「指導者としての地位と（略）被害者の信頼を逆手にとって、ゴルフの指導を口実にラブホテルに連れ込み、逃げ場のない状態で性交を求めるという卑劣きわまりないものである」としながら、「あくまでも、被害者の（少なくとも消極的な）同意を取り付けつつ、性交に持ち込もうとしていた可能性が否定できない」「初めて性的関係を結ぶに当たって、被害者の反応がないことを緊張や羞恥心から来るものと軽く考えていた可能性もまた否定できない」などと判断したのです。

そして、被告人は被害者の「抗拒不能」の状況を認識していなかった、つまり「抗拒不能」に関する故意がない、として無罪を言い渡したのです。

判決はこんなことも論じています。

被告人は、犯行当時56歳の社会人男性であるが、心理学上の専門的知見は何ら有しておらず、かえって、女性の心理や性犯罪被害者を含むいわゆる弱者の心情を理解する能力や共感性に乏しく、本件後の被害者の両親に対する言動等に照らしても、むしろ無神経の部類に入ることがうかがわれる。

いかがでしょうか。

無神経で、女性の心情や痛みをまったく理解しない鈍感な人であればあるほど、罪を免れて無罪になるのが今の日本の刑事司法。自分の監督下に置く未成年の女性が弱い立場にあることを知りながら性交しても加害者が罪を免れる。

そのようなことでいいのでしょうか。

性犯罪に特に厳格な「故意」の認定

少し法律論になりますが、刑法では、「故意」という概念には、犯罪事実の実現を確定的なものとして認識すること（確定的故意）の他に、結果発生の可能性を認識し、しかも結果が発生してもよいと「認容」するような不確定な故意（「未必の故意」といいます）も含まれる、とされています。

裁判では、犯罪が起きている現場の状況事実を丹念に拾い、確定的な故意がなくても未必の故意がある、と裁判官が判断する場合がしばしばあります。

しかし、これまでの無罪判決を見ると、性犯罪についてはあたかも、確定的故意があり、加害者の確信がない限り、故意を認めない傾向があるのではないか、と疑いたくなります。男性の裁判官が多いことから、性犯罪の故意の認定が加害者に甘くなる、ジェンダーバイアス（社会的な意味での性差＝ジェンダーに基づく偏見）があるのではないだろうか、と疑いたくなります。

裁判所の判断と人々の意識

このように、泥酔した女性に性行為をしても故意が認められず無罪になったり、無神経な人間ほど無罪になりやすい、という裁判例が相次いでしまうと一体どうなるでしょうか。そのような判決が報道されれば、一般の人も「あ、いいのか」「それは許されることなのか」と誤解してしまうでしょう。

冒頭のＮＨＫのアンケートで答えられたような呆れた意識も変わるどころか、強化されてしまうでしょう。

今の日本には、性行為の同意に関する遅れた社会意識がある一方、そうした遅れた社会意識を前提にして、起訴された人を「故意がない」と無罪にしてしまう裁判所の在り方があり、悪循環を生んで一歩も前に進めていないように思います。

社会の意識も裁判所の意識も抜本的に変えていかないと、被害者が救われない事態は続いてしまうでしょう。

第6章
世界はどうなっているのだろう

ここまでのところで、とても割り切れない思いになった方も多いのではないでしょうか。日本の法律の現状を知ってみたけれども、なんで19歳の実の娘に性交した父親が無罪になるのか、なぜ18歳の女性が父親以上に年長の無神経な男性に性行為を強要されても無罪になるのか、納得がいかない、と思うことでしょう。

刑法改正から3年後（2020年）に刑法の見直しを検討するという規定はできたけれど、こんな日本のお手本となるような法制度をもつ国はあるのでしょうか。

私が活動をしている国際人権NGOヒューマンライツ・ナウでは2017年の刑法改正を受けて、新たなリサーチプロジェクトをスタートしました。

それは、世界各地、特に主要国といわれる国々や近隣のアジアの国の刑法における性犯罪規定はどうなっているのか、を調査するプロジェクトです。

対象国としては日本以外に米国、イギリス、カナダ、フランス、ドイツ、スウェーデン、フィンランド、韓国、台湾を選び合計10か国の法制度を調べてみたのです。

そのなかで明らかになってきたのは、もともとは日本と同様に、暴行・脅迫などを要件としていた性犯罪の規定について各国で見直しが進み、こうした要件が撤廃されつつある、そして、**相手の同意がないまま、相手が拒絶しているのに性行為をすることそのものを犯罪として処罰する国が増えつつある、という世界のトレンド**です。

調査の結果、たとえば、スウェーデン、イギリス、カナダ、ドイツ、米国の一部の州（ニューヨーク州など）では、すでに同意なき性行為を犯罪とする法制度が実現していることが明らかになりました。

#MeTooの影響もあり、この流れはどんどん進んでおり、さらに法改正を進める国も増えていくでしょう。

不同意性交を処罰する法制度　No Means No

たとえば、イギリスでは、同意もないのに性行為をすること・させることは、暴行、脅迫などがなくても犯罪とされています。

被害者が「いやだ」と言ったらやめなければなりません。先に進んだら犯罪とされるのです。

2003年に制定されたイギリスの性犯罪法は、レイプを以下のように定めています。

イギリス　2003年性犯罪法　第1条　レイプ

1　次の各号のすべてに該当したときは、この者（A）は、罪を犯したものとする。

(1) Aが故意に、自己の男性器を他人（B）の膣、肛門又は口へ挿入したとき

(2) Bが当該挿入に同意しないとき

(3) Bが同意するとAが合理的に確信していないとき

2　Bが同意すると確信することが合理的か否かは、Bが同意するか否かを確認するためにAが講じたあらゆる措置を含むすべての状況を考慮して、決定するものとする。

これにより、意に反する性行為は広く処罰されることになります。

これは、"No Means No" Policy（No は拒絶を意味する）と言われています。日本には、「いやよいやよも好きのうち」という言い回しがありますが、それとは正反対ですね。

日本はイギリスと異なり、「いやだ」と言っても強い暴行、脅迫がない限り、意に反する性行為は不処罰でよいという法制度なのです。刑法のこうした規定が温存され続ければ、日本の若者の間に、「きちんと相手が同意していない限り無理やり性行為をしてはならない」という文化や意識が育まれず、性的関係において弱い立場の人（若い女性、幼い女性や、抵抗力の弱い人、年齢・地位の低い立場の人）に対して、気に入ったのだから多少無理にでも性行為に及んでもよい、という、人権意識の欠如した性的文化が根づいてしまうことになるでしょう。

米国でもニューヨーク州はイギリスと同様に合意のない性行為を処罰する規定を設け、同意について以下のような定めを置いています。

米国・ニューヨーク州法　第130・05条　性犯罪（同意がないこと）

2．同意がないことは、以下の事情による

（a）有形力行使による強制

（b）同意無能力

（c）性的暴行又は強制わいせつの場合、有形力行使による強制又は同意無能力に加え、被害者が明示または黙示に行為者の行為を許容していない場合

（d）第3級レイプ罪の場合、有形力行使による強制に加え、性交、口淫又は肛門による性交のときに、被害者が明確に当該行為に同意しないことを表明し、行為者と同じ状況におかれた通常人をして被害者の発言及び行動が、全ての状況から判断してかかる行為についての同意がないことと理解する場合

3．被害者が、以下の場合、同意能力がないものとみなす

（a）17歳未満であるとき

（b）精神的無能力であるとき（以下略）

カナダも暴行・脅迫などの要件がない不同意性交を処罰する規定を置いています。法律には、同意とは何か、要件が明確に定められています。

カナダ　刑法第273・1条　同意の意義

1．同意とは、第271条、第272条及び第273条においては、問題となっている性的行為を行うことについての被害者の自発的な合意を意味する。

2．第271条、第272条及び第273条において、以下の場合は、同意は認められない。

（a）合意が、被害者以外の者の言葉又は行為によって示される場合

（b）被害者がその行為に同意することができない場合

（c）被告人が信頼、権力又は権限のある地位を濫用して、被害者にその行為を行うよう勧めた場合

（d）被害者が、言葉や行為により、その行為を行うことについての合意の欠如を示した場合

（e）性的行為を行うことに同意した被害者が、言葉や行為によって、その行為を引き続き行うことについての同意がないことを示した場合

ここで、素晴らしいな、と思ったのは、「性的行為を行うことに同意した被害者が、言葉や行為によって、その行為を引き続き行うことについての同意がないことを示した場合」という部分です。

性行為に最初はOKということで一緒にベッドに行ったけれど、気が変わって「いやだ」と言った場合、または、性行為の途中で次にしようとしている性行為はいやだな、と思い、NOと言った場合、そうした場合もNOと言われたらその時点でストップしないといけない、それでももし無理やり性行為に及んだら犯罪だ、という規定です。

こういう国では、カップルの間で性行為のそれぞれについて「これはOK、これはいや」と言いやすいでしょうし、その都度確かめ合って相手を尊重し合うことにより、よい関係が生まれるのではないでしょうか。

日本の刑法のお手本にもなっているドイツもこれまでレイプ罪の成立に暴行・脅迫などの要件を課してきましたが、2015年にNGOなどの運動が起き、2016年に法律が改正されました。

それまでと異なり、身体的な抵抗がなくとも被害者が「NO」と表明した場合には、性的強要罪などが成立することになったのです（「No Means No」の原則の採用）。

性的強要罪の構成要件は現在は以下のとおりです。

ドイツ　刑法第177条第1項

他人の認識可能な意思に反して、その者に対する性的行為を行い、その者に性的行為を行わせ、又は、第三者に対する若しくは第三者による性的行為をその者に対して遂行若しくは甘受させた者は、6ヶ月以上5年以下の自由刑に処する。

このほか、以下のような場合も性的強要罪として処罰をされると規定されています。

ドイツ　刑法第177条第2項第1号

行為者が、その者が反対意思を形成又は表明できない状況を利用した場合

ドイツ　刑法第177条第2項第2号

行為者が、その者が身体的又は精神的状態に基づき、意思形成又は表明が著しく限定されている状況を利用した場合。ただし、行為者がその者の同意を得た場合を除く。

ドイツ　刑法第177条第2項第3号

行為者が驚愕の瞬間を利用した場合

ドイツ　刑法第177条第2項第4号

行為者が、抵抗した場合には被害者に相当な害悪が生じる恐れがある状況を利用した場合

ドイツ　刑法第177条第2項第5号

行為者が、相当な害悪を伴う脅迫によって、その者に性的行為の遂行又は甘受を強いた場合

そして、暴行・脅迫などによってなされる性的行為は、より重く処罰されています。

ドイツ　刑法第177条第5項

以下の各号に当たる場合は、1年以上の自由刑に処する。
1号　行為者が被害者に対して暴行を用いた場合
2号　行為者が被害者に対して生命又は身体に対する現在の危険を伴う脅迫を行った場合
3号　行為者が、被害者が行為者の影響に保護なくさらされている状況を利用した場合

Yes Means Yes

2018年に法改正をしたばかりのスウェーデンの法制はNo Means Noよりも先に進んだ、Yes Means Yesの法制度として注目されています。スウェーデンの新しい法律の条文は以下のとおりです。

スウェーデン　刑法第6章第1条　レイプ

自発的に参加していない者と性交をし、または侵害の重大性から鑑み性交と同等と認められる性

的行為を行った者は、レイプ罪として2年以上6年以下の拘禁刑に処する。相手方が自発的に性的行為に参加しているか否かの認定にあたっては、言語、行動その他の方法によって、自発的関与が表現されたか否かに特別の考慮が払われなければならない。

以下の場合は、自発的関与があると認定することは許されない。

1. 襲撃、暴行、犯罪行為・他の犯罪に関する刑事告訴や不利益な情報提供に関する脅迫の結果として性的行為に参加した場合
2. 無意識、睡眠、深刻な恐怖、酩酊その他の薬物の影響、疾患、身体障害、精神障害もしくはその他の状況により特別に脆弱な状況に置かれていた状況を行為者が悪用した場合。なお、暴行・脅迫・全体状況に照らし、犯罪が深刻でないと判断された場合は、行為者を4年以下の拘禁刑に処する
3. 相手方が行為者に依存する関係にあることを濫用して、相手に性的行為に参加させた場合。なお、暴行・脅迫・全体状況に照らし、犯罪が深刻でないと判断された場合は、行為者を4年以下の拘禁刑に処する

Yes Means Yes（Yesが同意を意味する）と言われるこの法律は、規定にもあるとおり、相手がYESと言っている、相手が自発的に参加している場合でない限り、性行為を行うことはレイプであると規定しています。

No Means Noの場合は、「YESかNOか不明」という場合は、NOではないので無罪になることになりますが、**Yes Means Yesの場合は、YESでない以上は有罪、**ということになるでしょう。

そして、この法律では、自発的関与があると認定することが許されない事例を明記している点でも先進的と言えます。そのなかには、睡眠、深刻な恐怖、酩酊、その他の脆弱な状況を悪用した場合、依存する関係を濫用した場合、などが網羅的に記載されています。

日本では、泥酔させられた事案ですら有罪になりにくいのに対し、「酩酊」を利用した場合でもレイプと認められるというスウェーデンの法制は、被害者の視点に立ち、被害者が自発的と認定できない場合を広く認めていると言えるでしょう。

スウェーデンではさらに、行為者の重大な過失により、相手が自発的に参加していると誤解していたような場合でも有罪にする「過失レイプ罪」という規定が導入されました。
つまり、相手が自発的に参加していなかったことについて行為者が注意を著しく怠った結果、性交をしてしまった場合も処罰の対象となります。

スウェーデン　刑法第1条A　過失レイプ罪

第1条の罪を犯した者が、相手が自発的に参加していなかったことについての注意を著しく怠った場合、過失レイプ罪として4年以下の拘禁刑に処す。ただし行為が状況に照らし深刻でないと認められる場合は、加害者の刑事責任は問われない。

前章で記載した、故意がないとして無罪になった事件も、スウェーデンの新しい法制度では有罪となる可能性があると言えるでしょう。

不同意以外の要件を求める国々

私たちが調査した国々のなかには、今もレイプ罪の成立のために、不同意以外の何らかの要件を課す国々もありました。

しかし、日本のように、暴行・脅迫、心神喪失・抗拒不能、というほどの厳しい要件を課すのではなく、もう少しゆるやかな要件で性犯罪を認めています。

たとえば、北欧の国・フィンランドでは、レイプは以下のとおり定義されています。

フィンランド　刑法　レイプ罪

（1）他人に対する直接の暴力の行使又はその脅迫によって同人に性交を強制した者は、レイプ罪として、1年以上6年以下の拘禁刑とする。

（2）また、意識の喪失、疾患、障害、畏怖状態、又は他の抵抗できない状態に乗じて、防御できない又は意思を形成、若しくは発することが出来ない者と性交をした者もレイプ罪とする。

この規定は日本と似ていますが、畏怖状態など、日本より幅広く「抵抗できない状態」を例示しています。このような規定があれば、以前から父親に暴行されていたような事例でもレイプと認められたのではないでしょうか。
さらに、フィンランドでは、レイプとは別に性的虐待罪が規定されています。

フィンランド　刑法　性的虐待罪

（1）自己の地位を濫用し、以下の（a）から（d）のいずれかの者を唆して、性交、その他の実質的に性的自己決定権を侵害するような性行為、又は行為の服従に及んだ者は、性的虐待罪として罰金又は4年以下の懲役とする。

（a）18歳未満で、学校又は他の機関において行為者の権限又は監督の下に置かれ、又はその他の行為者に従属する立場にあった者。

（b）18歳未満の者で、その性的自己決定権が、未成熟及び年齢差のために実質的に行為者に劣っている者に対し、行為者が未成熟さに乗じたことが明白である場合。

（c）病院その他の機関において患者となっている者で、自己を防衛し、又は意思を形成若しくは発することが、疾患、障害、又はその他の無気力な状況のために実質的に阻害されている者。

（ｄ）特に行為者に依存した者で、行為者が依存に乗じたことが明白な場合。

この規定（ａ）（ｂ）は18歳未満の被害者保護が充実しており、日本の監護者性交等罪のように、親や監護者からの性行為だけでなく、学校や養護施設、スポーツクラブなど、権限・監督の下に置かれている状況下で行われた性交の場合は、被害者の同意の有無に関わらず、広く性的虐待罪として処罰されることになっています。

さらに、（ｃ）では、18歳以上の被害者の場合でも病院や施設に入所したり患者となっている者への性交は同意の有無を問わず性的虐待罪とされています。

（ｄ）では、「特に行為者に依存した者で、行為者が依存に乗じたことが明白な場合」も同意の有無を問わず処罰されます。このなかには、18歳以上でも親権者や教師、師弟関係にある者、上司などに性交をされた場合が含まれることになるでしょう。

欧米だけではありません。隣の韓国には、

韓国　刑法第32章302条（未成年者等に対する姦淫）

未成年者又は心神微弱者に対し、偽計又は威力により、姦淫又はわいせつな行為をした者は、5年以下の懲役に処する

という条文があり、未成年は19歳以下とされています。

また、韓国には、業務上の地位関係性を利用した性行為について以下のような処罰規定があります。多くのセクハラ事例がこれに該当しそうですね。

韓国　刑法第32章303条（業務上威力等による姦淫）

1．業務、雇用その他の関係により、自らの保護又は監督を受ける者に対し、偽計又は威力により、姦淫した者は、5年以下の懲役又は1500万ウォン以下の罰金に処する。

2．法律により拘禁された者を監護する者が、その者を姦淫したときは、7年以下の懲役に処する。

台湾には、次のような規定があります。

台湾　刑法第228条

性交するために、家族、後見人、家庭教師、教育者、指導者、後援者、公務員、職業的関係、その他同種の性質の関係にあることが理由で、自身の監督、支援、保護の対象になっている者に対する権威を利用した者は、６ヶ月以上５年以下の有期懲役刑に処する。

第１章、第４章、第５章で紹介した被害者の事例を振り返ってみましょう。

不同意性交を処罰する欧米の国と地域、または台湾、韓国で起きた事件だったら同じ結論になったでしょうか。

日本の性犯罪規定が諸外国から取り残されて、ひときわ被害者に厳しく、性暴力加害者に寛大な規定になっていることが理解いただけたのではないでしょうか。

これでは被害者に寄り添った判決にならないのも当然と言えば当然かもしれません。

しかし、諸外国にも、もともとは暴行、脅迫などの要件がありました。それを、被害にあった人々、特に女性たちの声を反映させて、法改正を実現してきたのです。

日本の刑法も、国際的な趨勢にあわせて被害者の視点に立って改正することが必要ではないでしょうか。そしてそれは可能なはずです。他の国にできて、日本にできない理由はありません。

第2部

性暴力にNOと声をあげる人びと

第7章
財務省セクハラ事件の激震

2017年秋、米国・ハリウッドから#MeTooという運動がはじまりました。ハリウッドの大物映画プロデューサー、ハーヴェイ・ワインスタイン氏が1990年代から2015年まで長年にわたりレイプやセクシュアル・ハラスメントを繰り返してきたことが、ニューヨークタイムズ紙とザ・ニューヨーカー誌で報じられ、それまで沈黙してきた女性たちが長年の性暴力被害やセクシュアル・ハラスメントの被害をカミングアウトしたのです。

SNSでも性暴力の被害体験を#MeTooとハッシュタグをつけて語る運動が広がり、全世界に#MeToo運動が広がりました。

日本でも、後述する伊藤詩織さんをはじめ、#MeTooの声をあげる人たちが少しずつメディアでも紹介されはじめるようになります。

そして、2018年春、いよいよ#MeToo運動が日本の政権中枢を揺るがすことになりました。時の財務省事務次官、福田淳一氏による女性記者に対するセクハラが週刊誌で報道されたのです。

官僚トップによる深刻なセクハラ発言

報道によれば、告発したのはテレビ局の記者です。彼女は取材目的で1年半ほど前から福田氏と飲食する機会があり、そこでのセクハラ発言がひどかったことから発言内容を録音するようになったといいます。

そして２０１８年4月4日、彼女が取材目的で福田氏とバーで会った際も、ひどいセクハラ発言が飛び出したというのです。

その女性記者は、これはひどいと感じ、テレビ番組内で報道することを上司に提案しましたが、上司からは二次被害などを理由に、報道で取り上げることは難しいと言われたとされます。

彼女は、このままセクハラが黙認されてしまうことに危機感を感じ、週刊新潮に情報提供を行います。これを受けて週刊新潮は4月12日発売号で福田氏のセクハラ行為について報道、4月13日には、デイリー新潮のホームページに録音された音声の一部を公開したのです。

公開された音声には、「抱きしめていい?」「胸触っていい?」「縛っていい?」などという由々しきセクハラ発言が録音されていました。


ジャーナリストが官僚から情報を得るために、官僚に取材を申し入れたり、飲食をしながら情報提供を受ける、ということは不思議なことではありません。

ところがそのジャーナリストが女性であると、途端にセクハラ発言をしても許される、という空気があるとすればどうでしょうか。そこには、第5章で見た、女性が飲食を一緒にしたら性行為の同意があったと思われても仕方がない、というアンケートにも通ずる深刻なものがあります。

正当な取材活動であっても、相手がジャーナリストであっても、セクハラ発言をするのは何ら問題ない、というようなカルチャーがあるとすれば大問題であり、女性ジャーナリストに対する深刻な差別というべきでしょう。

財務事務次官の辞任

こうした報道を受けて財務省はどう対処したのでしょうか。

4月16日、ホームページ上に、セクハラを否定する次官の言い分のみを一方的に掲載、調査には財務省側の顧問弁護士を指定し、「調査への協力のお願い」を財務省記者クラブ・財政研究会に加盟する報道各社宛てに出し、被害にあった女性に名乗り出るように求めました。

さらに、麻生太郎大臣は、女性が名乗り出ない限りセクハラを事実と認定できないという見解を示し、財務省の官房長は、「(名乗り出るのが)そんなに苦痛なのか」と発言したのです。

こうした一連の対応に社会的な抗議が殺到するなか、福田次官は4月18日、辞任を申し出て、「週刊誌報道は事実と異なると考えており、裁判で争う」としたうえで、現在の状況を鑑みると職責を果たすことが困難だから辞任する、と理由を述べたそうです。

この辞任は4月24日に閣議で了承されました。

ＢＢＣは、「日本に#MeToo上陸　セクハラ疑惑で財務次官が辞任」と報じています。
(https://www.bbc.com/japanese/43819317)

セクハラ対応がまったくなっていなかった財務省

この一連の騒動で、財務省の対応は適切でないとして大きな批判を浴びることになりました。なぜでしょうか。

４月段階の政府・財務省の対応は以下のようなものでした。

- 福田事務次官の言い分を一方的にＨＰに掲載、セクハラについて否定したまま、処分もせずに辞任させた。
- 財務省として、被害者への調査を宣言したが、調査は財務省の顧問弁護士に委託された。
- さらに「被害者は名乗り出るように」という調査方法が一方的に告知された。

プライバシーにどう配慮するのか、どのような調査方法なのか、名乗り出ることにより予想される不利益にどう対処するのか、といった被害者に配慮したアナウンスは一切ありませんでした。さらに、財務省をクライアントとする弁護士がはたして公正中立な調査などできるのか、大きな疑義が示されました。

福田事務次官が完全に事実関係を否定し、法的に争う、と主張している恫喝的な環境のもと、かつ財務省の顧問弁護士による調査で、被害者に一方的に名乗り出るように求めることは、被害者心情への配慮に著しく欠ける不適切なやりかたでした。

・さらに、麻生大臣は、女性が名乗り出ない限りセクハラを事実と認定できない、という見解を示した。

そのような恫喝的な調査の方法では被害者が到底名乗り出られないであろうに、名乗り出ない限り被害はなかったことであるかのように解釈するのは、明らかに不当です。

・これに輪をかけて官房長は、「(名乗り出るのが) そんなに苦痛なのか」と発言した。

被害者心情への無理解をさらにさらけだしたのです。

財務省といえば日本のトップ官庁、そこがこのようなお粗末なセクハラ対応しかできない、ということが露呈しました。

「セクハラ罪はない」

さらに多くの女性の怒りを買ったのは、報じられる麻生大臣ら政治家の発言でした。

「だったらすぐに男の番（記者）に替えればいいだけじゃないか。なあそうだろ？　だってさ、（週刊新潮に話した担当女性記者は）ネタをもらえるかもって、それでついていったんだろ。触られてもいないんじゃないの」（出典：週刊新潮）

この発言の意味するところは一体何でしょうか。

（麻生氏から見て）たとえ女性の訴えが事実であったとしても、

・それがどうしたというのか。たいした話じゃない、触られていないのにセクハラとは大げさだ。

・自分でついていった以上、セクハラされても自己責任だ。

・セクハラに文句があるなら男性記者に替えて、女性記者など締め出してしまえばいい。

ということでしょう。

セクハラは、職場における性的言動により就業環境が悪化し、女性が安心して尊厳をもって働けなくなることを防止するために、男女雇用機会均等法や人事院規則等で禁止されています。

身体的接触を伴わない言動もセクハラに含まれますし、セクハラはされるほう（被害者）でなく、するほう（加害者）が１００％悪いのであって、被害者の対応を問題にすべきではないこと、そしてセクハラ相談があったことを理由に、女性を職場から締め出すなどの不利益を課すことがあってはならない、ということはセクハラ対応のイロハのイ。ちなみに相談者のプライバシー保護もイロハのイです。

ところが、麻生大臣がこれをことごとく理解していないことは、発言から明らかでした。

さらに、麻生大臣は5月4日、フィリピンでの記者会見で、「セクハラ罪という罪はない」と述べて、セクハラを過小評価するような発言をし、世界的に見ても日本の財務大臣には人権感覚がないことを露呈したのです。

被害者へのバッシング

私が日本でよくないな、と思っていること、それは、こうした事態が起きた際に、なぜか加害男性をかばい、被害者をバッシングしよう、という力が働いてしまうことです。

男同士ということで、告発されてしまった男性をかばう行動に乗り出すのでしょうか。

性暴力に関する非難が高まると必ず揺り戻しが起きてしまうのです。

しかし、ただでさえ傷ついている被害女性をバッシングすることほど悪質なことはありません。

財務省セクハラ事件の場合は、福田氏本人が音声などの証拠があるにもかかわらず事実関係を否定したこと、さらに麻生財務大臣のように影響力のある政治家がとんでもない発言をしたことで、被害女性をバッシングする動きが勢いづきました。

性暴力に無理解な政治家や政府機関の言動は、被害者へのバッシングをエスカレートさせる危険がある、だからこそ影響力のある人たちはそのことを重々認識して発言・対応すべきなのに、現実に起こったことは目を背けたくなるような事態でした。

ほどなく、ネットには被害者を特定して顔を晒そうとする現象が続き、麻生大臣の発言に触発されたような、「会いに行ったほうが悪い」「ハニートラップ」などと、被害者を誹謗中傷する心無い言動が横行しはじめました。

勇気を出して告発した被害者のプライバシーを尊重し、傷つけるようなことをしてはならない、当たり前のことです。この国のモラルは一体どこへ行ったのか、と思うようなひどいバッシングでした。

この事件を受けて、私は何人もの女性のメディア関係者にお会いしました。皆さんは、女性記者に対するセクハラはずっと続いてきたことで、みんな我慢して耐え続けてきたのだ、と話してくれました。

「今回、ずっと言えなかった被害がようやく明るみに出た」「それなのに、このまま被害者だけがバッシングを受け続け、財務省がうやむやにしてまともな調査を行わなければ、女性ジャーナリストが安心して活動できる環境をつくることは絶望的になる。メディアに女性の居場所はなくなる」などと強い危機感を口々に語っていました。

こうした状況を見せつけられるセクハラ被害者の方々、これから社会に出ていくであろう若い女性や少女たちは、どんなに絶望的な思いになるでしょうか。

セクハラ被害について声をあげたらこういうことになるんだなと思ったら、声をあげないほうがいいとなってしまいます。しかし、声をあげずにセクハラにあい続けるしかない、というのが日本社会なのだとしたら、それは女性にとってどんなに暗澹《あんたん》たる社会でしょう。

課題を残した解決

財務省は社会からの強い批判を受け、４月27日に調査結果を公表、セクハラ行為があったことを認定して謝罪、福田氏に対し、減給20％、６ヶ月の処分相当としました。

会見で矢野康治官房長は、「今回の問題をきっかけとして、今後どのように対処していくかという点も極めて重要だと考えております。セクハラ、パワハラをけっして許さないという組織文化を徹底していくため、まずは幹部職員を中心に集中的に研修を行い、さらに、女性をはじめとする職員の意見を丁寧に聞いた上で、更なる方策を講じていくことが必要だと考えており、速やかに検討の上で実施に移していく考えです」とし、その後、幹部研修などが実施されました。

しかし、福田氏から被害者の方に対する公的な謝罪もなく、麻生大臣が自らの発言について謝罪したり撤回することもありませんでした。この事件では、日本におけるセクハラ・性暴力に対する認識の甘さが強く世に印象づけられ、多くの課題が積み残されました。

第8章
声をあげはじめた女性たち

明らかになりはじめたメディアの女性差別の実態

財務省セクハラ事件を受けて、インターネットメディアBusiness Insider Japanは、2019年4月に、メディアで働く女性たち向けにセクハラに関する緊急アンケート調査を行い、すぐに公表しました。

調査に協力してくれた女性のほとんどが「取材先や取引先からセクハラを受けたことがある」と回答。にもかかわらず、6割超はその被害をどこかに相談したり告発したりしていないという結果でした。

たとえばこんな深刻な被害が紹介されています。

「『先生、女性連れてきましたよ』Aさんは議員の隣に座らされてお酌をさせられ、仕事の話など何もできなかった。二軒目はカラオケのあるスナックに移動し、泥酔した議員に胸を触られた。「いやです、やめてください」と拒絶しても、議員は笑ってごまかすだけだったという。あまりのことに驚いたが、何よりショックだったのは、信頼していた男性記者たちがその様子を笑って見ていたことだ」

「こんなふうに男性記者が若い女性記者を自分の取材のために差し出すようなことは、今でもよくあります」

「男性の先輩記者の取材先と食事をすることになり、その二次会で胸を触られたのだ。男性記者は助けてくれなかったどころか、取材先が酔っていたためBさんがタクシーで家まで送り届けることに。車中ではずっと手を握られ、最後は耳を舐められた。『気持ち悪い』と思ったが、相手は先輩の取材先。関係を壊したら申し訳ないと思い、何もできなかったという。もちろん会社にも相談していない」


私も初めてこの調査を読んで本当に驚きました。

大手メディアといえば日本で有数のエリートの集団のはずです。女性の記者は権利意識も強く、まさかセクハラに泣き寝入りなどしない人たちだと思っていました。それだけにこんなにも不当で屈辱的なセクハラが横行していたこと、そして被害にあった人たちの多くが、誰にも言えずに沈黙を余儀なくされてきたということに本当に驚いたのです。

どうしてこのようなセクハラが横行してきたのでしょうか。

Business Insider Japanは調査を分析するなかで、「職場以外の場所で情報を取ったり、1対1の密な関係を築くことで本音を引き出すなど、取材環境の特殊さ」があるとしています。

たしかに記者会見で本音を言わない政府関係者から情報を引き出すために、夜討ち朝駆けという取材で信頼関係を築く、そうした1対1の関係はセクハラが起きやすい環境といえるでしょう。

しかし、ジャーナリストが取材対象に接触するのは仕事にほかなりません。女性であるから、1対1で接触してきたジャーナリストを職業人としてリスペクトせずに性的な対象として扱ってよいというカルチャーが横行し、仕方がないことであるかのようにされてしまうとしたら、女性が尊厳をもってジャーナリストとして仕事をすることは不可能です。

同時に、男性記者が、取材対象者から情報を引き出すために女性を差し出す、女性を同席させるというやり方をしている事態について、Business Insider Japanは「いまだ女性を記者ではなく性的な存在としてしか扱わない風潮」と指摘します。

取材先のみならずメディアそのものが、仲間である女性ジャーナリストを「性的な存在としてしか扱わない」。これはあまりに衝撃的です。明らかな性差別にほかなりません。

こうしたメディアの性差別的実態はこれまで十分に語られてこなかったことから、衝撃をもって受け止められました。

メディアにとっては２０１７年にジャーナリストの伊藤詩織さんが性被害を告発したこと、そしてそれに続くテレビ局の女性記者の告発がまさに#MeTooの引き金となり、ずっと沈黙させられてきた声がようやく表に出たのです。

これまで、性被害を取材対象として取り扱ってきた女性記者たちが、今度は自分たちの問題として性被害の問題に取り組みはじめました。

４月には財務省セクハラ事件を受けて現役女性ジャーナリストの方々が集会などで発言を開始、第一線の記者たちが「どうしたらセクハラや性差別のないメディアをつくれるのか」と相談をはじめ、5月15日には、86人からなる「メディアで働く女性ネットワーク」が結成され、女性ジャーナリストが横でつながりました。みんなが声をあげはじめたのです。

ジャーナリストによる性暴力被害

#MeTooの波は、インディペンデントなメディアにも押し寄せていました。パレスチナや福島など、戦場や人権侵害と精力的に向き合うフォトジャーナリストとして知られてきた、月刊誌『DAYS JAPAN』の編集長（当時）である広河隆一氏の性暴力が週刊文春によって2018年12月に公表されました。

週刊文春によると、広河氏はフォトジャーナリストを目指して『DAYS JAPAN』編集部に出入りしていた複数の女性と性的関係を持ち、なかには大学生アルバイトもいたとされ、広河氏を尊敬していた女性たちは、指導を受けられなくなることや業界で力をもつ人物を敵にまわすことに不安を覚え、拒絶できなかったとされています。

また、被害者の中には、全裸の姿を撮影されたために、告発できずにいた女性もいたと言います。

BuzzFeed JAPANは、被害者の一人（Mさんとしましょう）が、大学生のときに『DAYS JAPAN』編集部でアルバイトをしていた際の性被害について、証言を掲載しています。フォトジャーナリストを志した彼女にとって広河氏は「雲の上のすごい人」「神様のようなイメージ」だったと言い、広河氏のもとで働けることが嬉しかったそうです。

しかし、編集部では少しでも気に入らないことがあると激しく怒りをぶちまける広河氏の姿勢にみんなが黙ってその場をやり過ごすしかない状況だったといいます。

ある日、彼女は、「写真が下手だから個人的に教えてあげるよ」と言われます。指導の場所として指定されたのは、東京のホテル。

「原稿が忙しいときはホテルにカンヅメになると聞いていたので、仕事場にしている部屋で待ち合わせなのかな、と思いました。尊敬していたし、当たり前のように信頼していたので、特に大きな疑問はもちませんでした」と彼女は振り返ります。

しかし、ドアをあけて一言、二言話した後、あっという間にキスをされて押し倒されてしまったというのです。

彼女は、「最初はなんとか逃れられないものかと思っていたのですが、よしよしという感じで体を撫でられたときに、自分の心と体がフリーズしたような感覚になり、固まって動けなくなってしまいました」というのです。

その後も彼女は、「広河氏に睨まれて見捨てられたらこの業界で生きていけない、すべてが絶たれてしまう、という危機感」から性行為に応じてしまったことがあるといいます。

週刊文春には、他の女性（Jさんとしましょう）に関する報道もありました。Jさんは、海外取材に同行させてもらうことになります。初めての取材現場でまさかレイプされることになるとは思わず、真摯な気持ちで取材に同行したそうです。

ところが現地で広河氏から、外国人スタッフとセックスするか自分とするか、と二択を迫られて、やむなく広河氏に従わざるを得なくなったといいます。

Ｊさんはまた、「『君のような学歴のない人は、こうしなければ報道では生きていけない』と言われ、きつく口止めされました」と証言しているとのことです。

週刊文春には、他にも多数の被害者の証言が取り上げられていました。私は被害にあった何人かの女性たちと会ったり、人づてに情報をもらうなかで、想像以上に被害が広がっていたのだと知り、大きなショックを受けました。


世界的な人権問題に立ち向かってきたとして社会の一定層から強い信頼を寄せられてきた広河氏が、優越的地位を濫用してこのような性暴力を繰り返してきたこと、フォトジャーナリストになるという夢をもつ日本の女性たちにとって、広河氏のところでフォトジャーナリズムを学ぶ以外の選択肢がほとんどないなかで、性的関係を強要され、傷つき、なかには夢を断念しＰＴＳＤに苦しむ人たちがいること、その事実は極めて重いものでした。

社会問題に取り組むソーシャルセクターと言われる分野にもセクハラや性暴力は横行している、その深刻性に気づき、私は愕然としました。

広河氏の犯した事件は「セクハラ」という語ですませることのできない性暴力というべきものです。ＤＡＹＳ ＪＡＰＡＮには検証委員会が設置されましたが、広河氏自身は女性たちとの性関係について、「同意」があったものと誤解していたと弁明しているといいます。

しかし、Ｊさんの事例のような事実関係があったとすれば、それは、「同意」があると誤解していた、という弁明と矛盾するものであり、意図的で悪質な性暴力でしかないはずです。徹底した解明と被害の回復を求めたいと思います。

そして、Ｍさんのケースのようにフリーズして NOと言えない、NOと言ったら業界で生きていけない、自分の夢を絶たれてしまう、というケース。このようなケースは実は性暴力として少なくないはずです。

人間関係において、上下関係や力関係、権力関係がある場合、NOと言いにくい状況があるからです。

力や権力をもっている人が、弱い立場の人に唐突に性行為を迫る行為。それ自体、相手にとっては想像もつかない驚愕の瞬間のはずです。そして、断った場合の不利益を考えると、NOと言うことは本当に難しい。そのような苦境に相手を置いてはいけない。そのような苦境に陥れて性行為をしてはならない、と強く思います。

権力をもつ人間は、その瞬間、相手がどんな苦境に置かれるのかを想像すべきであり、苦渋の選択をする以外に選択肢がない状況に相手を置くような行動を絶対にすべきではありません。

NOと言わなければ、激しく抵抗しなければ、同意を得たものと同じであり、性を踏みにじってよい、と考えるべきではありません。力関係のあるなかでおこなわれる性行為、それは明らかにNOと言わない場合でも、深刻な性暴力であり、相手の人権を侵害するものだ、ということを、広河氏は、そしてどんなに小さな世界や集団であれ、力をもつ者は認識すべきであり、犯した行為に責任を取るべきです。

沈黙させられてきた被害。弱い立場につけ込んだ性暴力。同様の構造は、就職活動中のセクハラにもあてはまりました。

就活セクハラ

これまで就職活動中のセクハラといえば、面接の際にスリーサイズや恋人の有無を聞かれたり、容姿について心無いことを言われるなどという口頭のものだと認識されてきました。それ自体本当に許し難い行為ですが、さらに、性暴力に至る深刻な事例もあることが明るみに出たのです。

就職活動のために女子学生が同じ大学のOBを訪問して就職に関連する情報を得る「OB訪問」の機会に、強い酒を飲まされて性行為をもちかけられたり、体を触られたり、ひどい場合は無理やり性行為に及ばれてしまう、という被害です。

2019年に入り、2月に警視庁が、大手ゼネコンである大林組の若手社員の男性を、就職活動中の女子学生を自宅マンションに連れ込んでわいせつ行為をしたとして逮捕しました。警視庁はさらに3月、大手商社である住友商事の社員だった男性が女子学生に酒を飲ませて性的暴行をしたとして逮捕しました。

就職活動中の学生は、どうしても就職したい思いから情報を得るためにOBに会い、弱い状況につけ込まれてしまいます。そして、意に反する性暴力であっても、志望する企業との関係でトラブルを起こすことは避けたいという事情、そして、被害にあったとしても、就職活動を続けなければ死活問題である、という非常に弱い立場に置かれ、告発することは容易ではありません。

OB訪問の際に夜遅くOBと会って飲酒したり、OBの自宅を訪れたりした結果、そうした被害にあうと、「罠にはまった自分がうかつだった」、そしてそのことを責められるのを恐れて「誰にも知られたくない」と被害を隠そうとする心情も働きます。悪いのは全面的に加害者であるのに。

そうしたなか、就職活動の際のセクハラや性暴力は責任を問われないまま、連綿と続いてきたのでしょう。

被害届を出した学生の方々は本当に勇気があると思います。こうした被害もようやく明るみに出てきたと言えるでしょう。

どうしたら被害をなくせるのか

メディアや学生からあがりはじめた性暴力被害告発の声。

しかし、加害者が処罰されたり、被害回復の措置を講じられる事例はごく一握りです。

どうしたらセクハラや性暴力をなくすことができるのでしょうか。

強い立場に立つ人たち、特に男性たちに、意に反する性行為をしてはならない、という意識がないのです。触られて女性が抗議しても「減るもんじゃないでしょ。ちょっとくらいいいいじゃない」などとなります。しかし女性の体を触ること自体、許されない性暴力です。まして、就職活動中の学生の弱みにつけ込んで性交をするなど、あってはならないことなのに、その認識がないのです。

法制度があまりにも貧弱すぎることは人々の意識に影響します。

財務省セクハラ事件を受けて2018年から厚労省の審議会でセクハラ禁止を定める法改正について議論が展開されましたが、経営者団体の反対が強いまま、2019年の法改正（雇用機会均等法の改正）では、セクハラについて罰則付きの禁止規定の制定は見送られました。

日本の遅々とした法改正の歩みは、欧米諸国だけでなく、近隣諸国からも取り残されています。まず、セクハラについて罰則付きの禁止規定を早急に制定すべきです。そして、第6章で見てきたとおり、諸外国が確立しているNo Means Noという原則が法律として明記されることが必要です。

近隣の韓国や台湾でも業務上の支配的関係、優越的地位を利用した性行為は、犯罪であると明記されています。人々の意識を変えるためにも、日本でも同様の法改正が今こそ求められています。

第9章
勇気を出して声をあげた女性を取り巻く現状

伊藤詩織さんを知る

日本で初めて、#MeTooの声をあげた人は誰か、といえば、やはり伊藤詩織さんではないでしょうか。

詩織さんが初めてメディアに登場したのは、２０１７年5月、ちょうど国会では性犯罪に関する刑法改正の議論が行われていました。

それに先立ち、週刊新潮がＴＢＳ記者のレイプ疑惑に関する特集記事を掲載し、センセーショナルな中吊り広告が出ていましたが、私がその雑誌を手に取ることはありませんでした。

２０１７年5月29日、伊藤詩織さんは「詩織」というファーストネームだけを明らかにして、顔を出して記者会見を行ったことが報道されました。

ＴＢＳ記者からレイプをされ、警察に被害届を提出したが、事件は不起訴になり、彼女は検察審査会に不服申立てを行い、申立てにあたって記者会見をしたのです。

私自身、性犯罪の被害にあいながら「不起訴」という不当な結果に打ちひしがれる女性をたくさん見てきましたが、彼女のように名前を明らかにし、顔を出して記者会見をする、しかも不起訴処分に納得できないとして検察審査会という手段に訴える女性を知るのは初めてであり、その勇気に驚きました。

彼女の事件で加害者とされたのはＴＢＳの著名な記者、しかも安倍首相の自伝を書くほど政権に食い込んだ記者だったといいます。告発は、強大な権力に立ち向かう、ということを意味します。

会見に登場したのは若いけれども毅然とした女性、弁護士に囲まれ、臆することなく堂々と記者会見に臨む詩織さんの姿は正義感にあふれ、不正は許さないという決意を窺わせました。

彼女は自分に起きた出来事を話すとともに、刑法の性犯罪規定の改正についても訴えたと報じられました。

「日本にもこんな勇気ある女性が現れたのか」と私は感心し、検察審査会が真摯にこの問題に取り組むことに期待しました。しかし、この会見が主要なメディアで報道されることはありませんでした。「彼女が意を決して、固い決意で行ったであろう会見なのに」と、とても残念に思いました。

それでも詩織さんの会見の様子はSNSで多くシェアされ、会見を見た市民の間からは「不起訴はおかしい」という声が多く表明されました。Twitterには、#Fighttogetherwithshioriのハッシュタグができて、彼女を応援する声が溢れました。

ところがその一方で、ネット上では彼女に対して心無い批判も出はじめました。会見で彼女が紺色のシャツのボタンをいくつか外していたことが、批判の対象になったというのです。日本社会の狭量さに私は驚きました。

詩織さんが訴えた刑法の性犯罪規定の改正は6月には実現。夏が過ぎて、9月になんと、詩織さんの事件で検察審査会が「不起訴相当」という議決を出したと報道されました。

ジャーナリストの詩織さん（28）＝姓は非公表＝から準強姦（ごうかん）容疑で告訴された元TBS記者の男性ジャーナリスト（51）に対する東京地検の不起訴（嫌疑不十分）処分について、東京第六検察審査会は22日、「不起訴相当」とする議決を公表した。議決は21日付。詩織さんが5月に審査を申し立てていた。

朝日新聞デジタル　https://digital.asahi.com/articles/ASK9Q54BHK9QUTIL02F.html

あっけない結論。どうしてこんなに早く結論が出てしまったんだろう。

記者会見までして世論を喚起しようとした詩織さんはどんなに落胆しているだろう、自分だったら立ち直れないだろう、と胸が痛みました。

ところが、詩織さんは戦いを止めませんでした。自分の体験をつづった書籍『Ｂｌａｃｋ Ｂｏｘ』を出版、２０１7年10月24日には、伊藤詩織というフルネームを公表して外国特派員協会で記者会見。山口敬之氏を相手取り、民事訴訟を起こしたというのです。

ユーチューブで会見を視聴した私に詩織さんは再び強い印象を残しました。

これだけの逆境に直面しながら屈しない、彼女は本当に強い人だ、と私は思いました。

外国特派員協会では、流ちょうな英語で理路整然と自分の意見を述べ、日本語での発言もよどみなくしっかりとしたものであり、私は「こんな素晴らしい知性のある若い女性が日本にいるなんて」と本当に驚き、感銘を受けました。

そして、彼女の著作『Black Box』を読むと、彼女がどんな壮絶な覚悟で会見に臨んだのか、事態に対峙したのかが改めてわかります。「事件の話を公にするにあたって、私は日本の企業に所属することはおろか、日本で働くことすら諦める覚悟が必要だった」「ここまで深く政権とつながっているTBSのワシントン支局長に物申すのだから、そうでなくても男社会の日本の報道現場で、一体どうして働けるだろうか」。

人生を懸けた告発。5月の会見では気丈に見えた彼女も「会見直後にオファーのあったいくつかのインタビューに対応した帰り道で、私は倒れた」「それから数日間、体が動かなかった」「すべてをシャットダウンして、このまま終わりにしたいと願った」そんな状況だったといいます。

彼女は「なぜ、私がレイプされたのか。そこに明確な答えはない。私は何度も自分を責めた。ただ、これは起こったことなのだ」と言い、「今の司法システムがこの事件を裁くことができないならば、ここに事件の経緯を明らかにし、広く社会で議論することこそが、世の中のためになると信じる」と書き綴っています。

詩織さんに対する「セカンド・レイプ」

その詩織さんと、私が初めて会ったのは2017年11月。彼女が外国特派員協会で会見をしてから1ヶ月くらい経った時期でした。#MeTooの運動がニューヨークではじまった少し後でした。

そのときすでに詩織さんは一躍「時の人」になっていました。外国特派員協会の会見の模様は、今回も日本の主要メディアからは黙殺されましたが、それとは対照的に、詩織さんのストーリーは海外有力メディアで続々と取り上げられるようになっていました。

日本国内でも、どんどん力をつけている有力なオンライン・メディアが彼女のインタビューを大々的に取り上げ、彼女の記事は次々とネット上でシェアされ、SNS上でも彼女を応援するツイートが毎日たくさんつぶやかれるようになります。多くの女性たちが、詩織さんの勇気に励まされた、本当に心を動かされた、と投稿していました。

実際に会ってみると詩織さんは、会見の硬い表情とは対照的に柔らかい印象でとても華奢な女性という印象でした。

詩織さんは、終始穏やかでにこやかで、「性犯罪の問題にようやく光が当たりはじめた。ぜひもっと世論を喚起したいです。もっとみんなが声をあげられるようにしていきたい。本当に法律や制度を変えたい」と熱意を込めて話してくれました。私は詩織さんと意気投合して、2月に東京で、3月にニューヨークで、詩織さんをゲストスピーカーとするイベントをヒューマンライツ・ナウの主催で開催することになりました。

その一方、彼女が深刻なハラスメントにあっていることも知りました。Twitterなどに心無い非難のメッセージが書き込まれたり、彼女のメールに卑猥なメッセージを送ってくる匿名の男性もいるというのです。

私は「彼女を応援する人たちのほうが多いのに」と思っていました。しかし私がフォローしていない人たちの間ではたしかに悪意のある誹謗中傷が溢れていたのです。「ハニートラップ」「枕営業」「売春婦」と罵ったり、詩織さんが政権に近いジャーナリストからのレイプを告発しているために「左翼」とレッテル貼りをしたり、到底許されない誹謗中傷が溢れていました。

公然とユーチューブチャンネルで詩織さんを誹謗中傷する言動をネット配信する政治家、詩織さんを馬鹿にするような漫画を公開する漫画家。人間としてあり得ない醜悪な行動が繰り広げられていて驚きました。

「セカンド・レイプ」という言葉をご存じでしょうか。

性犯罪被害者が、レイプの被害にあった後で、捜査機関や司法手続きにおける不条理なやり方や言動、周囲の人々やまったく関係ない人たちからの心無い発言やプライバシー侵害によって、再度「レイプ」されたと同様の心の傷を負うことです。

「セカンド・レイプ」という言葉は、1980年代から日本でも紹介されるようになり、1994年には落合恵子さんが『セカンド・レイプ』（講談社）という本も出版されるなどして、その深刻さが認識されるようになりました。20年以上も前のことです。

すでに日本では、セカンド・レイプをしてはならない、ということが社会の認識として広がっていたはずです。ところが、詩織さんに対して行われたことは明らかな「セカンド・レイプ」です。

そして、その結果、詩織さんは、日本に住むことすらできなくなり、英国に移住しました。詩織さんは、法的なステータスは難民ではないとしても、日本から避難せざるを得ない状況に置かれた「難民」だといえるでしょう。

日本で性暴力被害者に向けられた悪意と誹謗中傷が、その女性を難民にするところまで追い込んでしまった、この事実を私たちは深刻に受け止める必要があると思います。


特に「枕営業」という言葉は心無いですね。女性も男性と同様に仕事のチャンスを得たいと思うでしょう。有力者や、自分が就きたい職業に就いている人、まして憧れの尊敬する人との人脈というのは、いつの時代でも、どんな職業であってよい仕事を得るためには重要です。男性は、そうした有力者や先輩とよく飲みに行き、飲み会の席で親しくなって、よいアドバイスを得る、ということが頻繁にあるでしょう。

しかし女性が同じことをしようとすると性被害にあいかねないリスクがあります。そうしたことに注意しながら人脈をつくろうとしても、相手から飲食の機会を指定されてしまう、「この人は大丈夫」と信頼し、注意して出かけて行ったとしても、罠にはめられてしまう、そうした被害の事例のご相談を私もよく受けています。

そうした場合、責められるべきはあくまで性暴力の加害者であるのに、女性のほうが、「うかつだった」「女性なのにはしたない」「自分から仕事がほしくてアプローチした」「枕営業」などと言われてしまうのです。

あまりにもアンフェアではないでしょうか。

こうした被害にあった女性はまず自分で自分を責めます。加害者が悪いのは明らかなのに、自分の行動を繰り返し思い出し「こうすれば避けられていたのではないか」「なぜ自分がレイプにあったのだろう」と自分を責めてしまうのです。ところが、同じことを何も知らない第三者が無神経に指摘して、攻撃したらどうでしょう。被害者の心の傷口を広げ、死ぬほど苦しめてしまうのです。絶対に加担してほしくないと思います。

声をあげやすい社会に

ヒューマンライツ・ナウでは、2018年2月に東京で、3月にニューヨークで、伊藤詩織さんをゲストに招いたイベントを開催しました。2月のイベントには、インドの人権活動家ナンディーニ・ラオさん、父からの性犯罪被害をカミングアウトした山本潤さん（一般社団法人Spring代表理事）もゲストに参加されました。

2月の東京でのイベントには約200名もの人たちが詰めかけました。スピーカーが発言した後の休憩時間に質問票を回収すると、「詩織さんの裁判を応援したいけれど、私たちに何ができますか」「詩織さんの活動を応援するためにカンパをしたい。どこにカンパをすればいいでしょうか」など、どうやって詩織さんを応援・支援できるだろうか、という質問が山ほどありました。

詩織さんにこれらの質問を紹介すると「ありがとうございます。そんなこと、今まで言われたことがなかったので、何と答えたらいいのか」と絶句され、その後、言葉を詰まらせて涙を流されていました。

私から支援の方法をご紹介しましたが、私はこのとき、詩織さんがどれだけ心無い攻撃に晒されてきたのだろう、と胸が詰まりました。そして、多くの人たちが詩織さんを応援しているとしてもその声が充分に届いていなかったことを残念に思いました。

イベントの最後に山本潤さんとインドから来たゲストのラオさんが抱き合って励まし合い、参加者は長蛇の列をつくって詩織さんを激励しました。

声をあげた勇気ある人がかくも孤立させられ、攻撃されてしまう社会、声をあげた人が心無いバッシングに晒される社会では誰も声をあげることはできません。恐ろしくて#MeTooということもできません。

勇気を出して声をあげた人を一人にしない、声をあげた人を応援して一緒に社会を変えていくことが、誰もが生きやすい社会をつくることにつながるし、みんなが声をあげやすい社会にもつながる、と私はこのとき、強く思いました。

第10章 もしあなたが性被害にあったら

性被害にあったらどうしますか？

ある日突然、あなたがレイプされる被害にあったら、どこに行って何をすればサポートを得ることができるでしょう。避妊や医療などの手当てを受けるには、どこへ行けばいいいか、事件を捜査してもらうにはどうすればいいかご存じでしょうか。

日本の社会は、突然レイプや性暴力の被害にあった人たちにすぐに手を差し伸べ、必要な手厚いサポートのできる社会なのでしょうか。

第3章などでも見てきたとおり、たくさんの証拠を集めて立証しなければならない刑事司法のプロセスに被害者の方々は対応しなければなりません。

しかし現実には人は突然、思いがけず、とても無防備な状態でレイプにあいます。

レイプにあった際には体も心もズタズタになり、恐怖や無力感、不安など、圧倒的な感情に襲われます。妊娠の不安もあるでしょう。

レイプの被害にあうことを予想してあらかじめ準備したり、情報収集している人はあまりいません。極限状態で何をしてよいかわからない、そんな被害者の方たちに対して、日本におけるサポート体制はまだまだ薄いのが現実です。

ここからは、伊藤詩織さんの書籍『Ｂｌａｃｋ Ｂｏｘ』も参照しながら、制度についてあらためて見ていきたいと思います。

被害にあって最初に行くべきところ

まずは、被害にあったらどこへ行くべきか。ここでは「警察」「病院」「ワンストップ支援センター」の果たす役割をご紹介します。

① 警察

被害にあったらできる限り早く警察に行ってほしいと思います。警察でレイプ事件の捜査ははじまります。

まずは、事情を聴いてもらい、被害届を提出することになります。突然行くと先方も担当者がいない可能性もあり、無責任な対応をされてしまう可能性もありますので、行く前に電話をしてアポイントをとってから行きましょう。

警察庁は、**各都道府県警察の性犯罪被害相談電話窓口につながる全国共通番号「＃8103（ハートさん）」**を導入しています。

ダイヤルすると発信された地域を管轄する各都道府県警察の性犯罪被害相談窓口につながります。こうした相談窓口を活用することも一つの方法かもしれません。

一人で行くとくじけそうなこともあると思いますので、可能であれば信頼できる人について行ってもらいましょう。

警察で、必要な証拠を保存することはとても大切です。自己流で証拠を保全しても後で裁判では使えない、ということがありますので、ぜひ早めに警察に行くようにしてください。警察では、DNA関係の証拠も適切な形で保存する、とされています。

「もう数日過ぎてしまった。今から行っても無駄では？」と思う方もいるかもしれません。でも、諦めるのはまだ早いです。遅くなればなるほど証拠保全のチャンスは少なくなりますが、最近では新しい鑑定技術も進みつつあります。諦めないで、できるだけ早く警察に行ってほしいと思います。

ショックのあまり、被害のときに着ていた洋服を捨ててしまう、加害者とのラインのやり取りを全部消去してしまう、携帯電話も捨てたり解約してしまう、という方もいます。気持ちはとてもよくわかるのですが、加害者を処罰するためには大切な証拠です。

洋服も携帯電話も、できればそのまま、ビニール袋などに入れて、警察に持参してください。

とにかく妊娠や性感染症が心配、だから病院に行きたい、と思われる方も多いことでしょう。

② 病院

事件直後に警察に被害届を出した場合、警察から病院に連れて行ってくれたり、病院の手配をサポートしてくれるようになってきました。

病院では、望まない妊娠を防ぐために、緊急避妊ピル（モーニングアフターピル）を処方してくれるでしょう。また、傷の手当、性感染症の検査や手当などをしてくれます。

現在では、警察に被害届を提出した被害者の方には、全ての都道府県警察が、性犯罪被害者の緊急避妊、人工妊娠中絶、初診料、診断書作成料、性感染症等の検査費用などに関する経費を公費で負担する扱いをしています。事件直後の場合、病院では警察と連携して、被害者の膣内に残った体液、暴行の傷跡などの採取・保全を行うこともできますし、薬物を使ったことが疑われる事例についても尿検査などをすることになっています。

東京都の事件を扱う警視庁では、さらにカウンセリング費用も公費支出の対象となっています。

③ ワンストップ支援センター

警察に行くことにためらいがある、どうしたらいいのかわからない、という方にお勧めしたいのが「ワンストップ支援センター」です。

聞いたことがない方も多いと思いますが、現在、性暴力・性犯罪被害者を支援するために、**「ワンストップ支援センター」といわれる機関が、各都道府県に少なくとも一か所設置**されています（本書の最後に紹介します）。

これは、性犯罪・性暴力被害者に、被害直後からの総合的な支援（産婦人科医療、相談・カウンセリングなどの心理的支援、捜査関連の支援、法的支援など）を可能な限り1か所で提供することにより、被害者の心身の負担を軽減し、その健康の回復を図るとともに、警察への届出を促進し、被害を申告しやすくすることを目的とした支援センターで、国から予算が交付され、警察とも連携を強めています。

各地のセンターにはそれぞれ異なる名称がつけられていて、大阪には、SACHICO、東京にはSARC東京などという名称のワンストップ支援センターがあります。

センターに電話すると、女性の相談支援員が電話対応し、病院につないでくれてピルの処方や証拠の採取の段取りがとれるようになったり、警察にもつないでくれたり、弁護士への無料相談の機会も提供されます。

なぜ「ワンストップ」なのか。これまで性被害にあっても、警察、医療（緊急避妊）、カウンセリング、法的支援が一か所で行われず、連携も不足していたため、被害にあったばかりで傷ついている被害者の方が必要な機関をすべて自分で探して段取りをとらなければならない、という大変酷な状況にあり、たらいまわしにされてさらに傷つき、疲れ果ててしまう、という状況がありました。

そのような過酷な負担を被害者の方に負わせることをやめて、被害者の方を総合的に支援していこう、ということなのです。

全国のワンストップセンターは、病院に拠点を置いているタイプと、病院外に設置されて、特定の病院と提携しているタイプがあり、いずれも産婦人科医療と強い連携をしています。そこでは治療とともに、被害者の方の同意が得られる場合は、膣内に残った体液、暴行の傷跡などの証拠の採取・保管も行われます。

たとえば、性暴力救援センター・大阪ＳＡＣＨＩＣＯでは、被害者が警察への申告をためらう場合でも、被害直後に採取した証拠を保護できるよう、室内に冷棟庫を備えているほか、協力病院において採取した証拠も引き継いで保管するなどの対応をしています。

ただ、各地にできたセンターと警察の連携がすべてスムーズで被害者のニーズにかなっているか、というとまだ大きな課題があり、政府としても今後は質の充実を図っていくとしています。

２０１７年の刑法性犯罪規定の改正の際の衆議院付帯決議では以下のとおり支援の充実が明記されています。

六　性犯罪が重大かつ深刻な被害を生じさせる上、性犯罪被害者がその被害の性質上支援を求めることが困難であるという性犯罪による被害の特性を踏まえ、被害者の負担の軽減や被害の潜在化の防止等のため、第三次犯罪被害者等基本計画に従い、ワンストップ支援センターの整備を推進すること。

詩織さんがみた支援現場の「課題」

それでは、今ご紹介した制度はうまく機能しているのでしょうか。法律を読んだり、政府のウェブサイトを見ている限りはしっかりと進んでいそうにも受け取れます。

しかし、被害を実際に体験しない限り、被害者にとって頼りになるかはわかりません。

その点、被害にあった後、リアルタイムで体験した事実や戸惑いなどを書かれた伊藤詩織さんの『Ｂｌａｃｋ Ｂｏｘ』の記述はとても重要と言えます。ここで詩織さんから見た支援現場の課題を見ていきましょう。

①　病院の対応と証拠の採取

詩織さんが被害にあって心身ともに傷ついた状況で、被害の翌日に向かったのは、ワンストップ支援センターではなく病院でした。

ワンストップ支援センターの知名度は若い女性の間でそんなに高くはないはずです。「借金の相談はこちらへ」という法律事務所のように大々的なテレビコマーシャルで宣伝されているわけでもありません。

詩織さんは「妊娠の可能性が気になって、とにかくモーニングアフターピルをもらいたかった」から病院に行くことにしたと書いていますが、情報がなければ多くの人が同じことをするはずです。

ところが、詩織さんがピルの処方を受けた病院では、女性の医師が詩織さんからじっくり話を聞くこともなく淡々とピルだけが処方され、取りつく島がなかったと詩織さんは述懐します。

先ほど紹介したとおり、性犯罪の立証上、被害を受けた直後に体から採取するＤＮＡは重要な証拠となります。また、詩織さんは、「レイプドラッグを使用されていたのではないか」と考えていたそうですが、レイプドラッグとして使われる睡眠薬などの薬は尿検査で検出されるものの、早めに尿検査をしないと成分を検出することは著しく困難になります。

もしこの瞬間に、被害について医師と話ができていたら、またその病院にしっかりした設備があれば、DNAの採取や尿検査などができたかもしれませんが、そうしたチャンスは得られませんでした。

詩織さんは、「緊急に次の朝までにもらうピルが、モーニングアフターピルだ。だからこそ、この段階で被害を表面化できるチャンスはある。簡単な質問でいい、ここで救われる人がいることを考えて、チェックシートを作り、モーニングアフターピルを処方する際に書き込んでもらうようにしたらどうだろうか。婦人科にレイプキット、つまりレイプ事件に必要な検査が受けられる証拠採取の道具一式が用意してあったら、早い段階で対応ができるだろう」と書かれています。

また、この病院から帰った後にまた別の病院に行くことを考えたものの、「身も心も最大のダメージを受けている時、自力で適切な病院を探さなければならない困難は、計り知れないものがあった」といいます。

詩織さんは性暴力被害者を支援するNPOに電話したそうですが、電話だけではなく面接に一度来てくれない限り、どこの病院に行ってどんな検査をすればいいのかすら情報提供はできないと言われたそうです。

詩織さんはこの対応に疑問を覚え、「公的な機関による啓蒙サイトをつくり、検索の上位に上るようにするだけでも、救われる人はいるのではないか」と提案しています。二度と同じ思いを繰り返さないでほしい、詩織さんの文章からはそんな思いがにじみます。

今、ワンストップ支援センターはようやく全国各都道府県にいきわたりましたが、認知度の向上についても質の向上という点でも大きな課題を抱えています。一日も早く全国のすべての支援センターが、詩織さんが実体験から切実に痛感したニーズに応えられるようになってほしいと願います。

広報については、政府広報など、政府にはもっともっとできることがあるはずではないでしょうか。

② 警察の対応

性被害にあった方には一日も早く、警察に行って被害届を出し、ワンストップ支援センターと連携して証拠の採取なども迅速に進めてほしい、それが証拠保全のためにも支援につながるためにも大切だと思います。

ところがまず問題となるのは、性暴力の被害にあった被害者の方が、最初に被害を通報するために警察に行く、ということそのものが、ハードルが高いことです。

詩織さんは、警察署に初めて一人で行ったときのことをこう述懐しています。

「受付カウンターへ行くと、他に待合者がいる前で事情を説明しなければならなかった。簡単に事情を説明し、『女性の方をお願いします』と言うとカウンターでさらにいろいろ聞かれた。うまく伝わらないので『強姦の被害にあいました』と言うしかなかった。もう少し配慮が欲しいと思った」

被害にあった女性たちのプライバシーに配慮した対応の仕方を確立すべきではないでしょうか。

次に、日本の警察には、米国のドラマなどで出てくる『性犯罪ユニット』のような組織がありません。

DVやストーカーなどの被害は、警察のなかの「生活安全課」というところが担当し、比較的女性が立ちよりやすい雰囲気をつくろうと努力しています。他方、性犯罪は刑事課の「強行犯係」が担当します。

「強行犯」というと、殺人や暴力沙汰など全般を担当しますので、荒っぽい印象のたたき上げの男性警察官などが応対することも多く、性犯罪が専門というわけでもなく、被害者に対する配慮が行き届いているわけでもありません。警察署によっては手厚い配慮をしている所もあるのかもしれませんが、私自身あまりそうした経験は得られてはいません。

性犯罪が「強行犯」係の対応というのは昔からおかしいと思ってきたことですが、私が弁護士になってから約25年、その実務はまったく変わっていません。女性の被害者が話しやすいように、女性の警察官を配置してもらいたい、という要望は20年以上前から出されていて、警察もずっと取り組んでいる、というものの、現状で私が出会う担当警察官のほとんどはいまだに男性です。

男性恐怖症になった被害者の方には男性警察官の対応が耐えがたく、相談を断念された方もいます。

詩織さんの場合は、女性の警察官を要望して話を聞いてもらったものの、性犯罪の担当部署の方ではなかったため、結局、刑事課の担当の男性の警察官が呼ばれ、二度同じ話を繰り返すことになったそうです。

詩織さんは、スウェーデンに調査に行ったことについて『Ｂｌａｃｋ Ｂｏｘ』で紹介しています。

「(スウェーデンは) 被害届を出しやすい環境も整っている。２０１５年のスウェーデン警察内の女性の比率は31%。現場レベルだけでなく、役職者の比率も同じく3割である。

一方、日本での警察内の女性比率は、全体の8・1％しかない。だから私もそうだったが、被害者の女性は、捜査の現場から事件を判断する役職者まで、ほぼ男性に囲まれる中で被害を訴えることになる」

そんななかで、詩織さんは、男性捜査員たちのみが居並ぶ前で、人形を相手にレイプの状況を再現させられたといいます。再現調書をつくるとしても本人に被害体験を再現させるとはどういうことでしょう。過酷すぎる屈辱的な体験をさせているとは思わないのでしょうか。

また、詩織さんは捜査員から何度となく「処女ですか?」と聞かれたといい、「性犯罪の被害者が、このような屈辱に耐え続けなければならないとしら、それは捜査のシステム、そして教育に問題があるはずだ」と述べています。

警察の対応と体制は抜本的に変わらなければならないと痛感します。日本でもスペシャリストによる「性犯罪ユニット」をつくって警察でも検察でも被害者に配慮した専門的な捜査をすべきだと私は思います。

レイプドラッグ

詩織さんは、被害を振り返り、「鮨屋のトイレから目が醒めるまでの間、ぷっつりと記憶が途絶えていた」「デートレイプドラッグを入れられた場合に起きる記憶障害や吐き気の症状は、自分の身に起きたことと驚くほど一致していた」といいます。

詩織さんは警察に最初に行ったときからデートレイプドラッグの可能性について伝えていました。

警察に初めて出かけたのは事件の5日後、事件の担当の捜査員に会ったのはその2日後でした。警察官は「1週間経っちゃったの。厳しいね」と言い、「直後の精液の採取やDNA検査ができていないので証拠も揃わなくてかなり厳しい」と繰り返したといいます。

たしかに、事件直後のほうが、確実に証拠は揃いやすいでしょう。

詩織さんもデートレイプドラッグは一度投与されただけの場合、24時間以内に体から出てしまうと当初認識していました。しかし詩織さんはその後、デートレイプドラッグについて調べ、専門家を訪ねた結果、「一般の医療機関では難しいが、特別な研究室であれば、2日経っていても尿検査で薬物を検出することが可能だという。薬物を排出する期間は個人差があり薬物によっても異なるものの、血液検査であれば、一週間後でも検出される可能性があるという」ことにたどり着きます。

詩織さんは、以下のように提言します。

「1990年代から事件が頻発している状況を考えたら、今後は捜査機関が率先して米国並みの検査体制を整えるべきであり、被害者も医療機関でレイプキット検査が受けられると同時に、血液、尿、毛髪などもすぐに採っておくべきだ」と。

詩織さんの問題提起を受けて、朝日新聞は2017年11月、デートレイプドラッグに関する記事を連載し、社会でもこの問題が話題になりました。

こうした社会の要請に応え、警察庁は迅速に動きました。2017年12月11日付で事務連絡「性犯罪捜査における適切な証拠保全について」を発布。医療機関における性犯罪証拠採取キットの整備を進めるとともに、「被疑者由来の精液、だ液等だけでなく、薬物を使用された疑いのある被害者からの採尿等の適切な実施にも配意するなど、効率的かつ的確な証拠保全ができるよう必要な検討をすること」を指示したのです。

内閣府はデートレイプドラッグやDNAなどの証拠を早期に採取するため、ウェブサイトで以下のように呼びかけています。

Q　検査はなぜ必要なの?

A　薬物の使用が疑われる場合、証拠保全のために、なるべく速やかに尿検査や血液検査をしておく必要があります。警察や性犯罪・性暴力被害者のためのワンストップ支援センターに、なるべく早く相談しましょう。相談の際は、被害のときの状況をありのまま説明してください。

Q　いつまでに検査した方がいいの?

A　薬物によっては、摂取後、数時間から数日間(3日前後)で体外に排出されます。薬物の使用が疑われる場合は、なるべく早く検査を受けてください。一人で検査を受けることが不安な場合は、性犯罪・性暴力被害者のためのワンストップ支援センターに相談してください。検査に同行してもらえる場合があります。

Q　相談するときに持って行った方がいいものは？

A　飲食物の残りから薬物が検出されれば、薬物混入の証拠になりますので、飲んだもの、食べたものの残りがあれば、警察に相談する際に持参しましょう（食器があれば洗わずに持参しましょう）。衣類や身体から犯人の特定に役立つ証拠が採取できる場合もあります。衣服が残っている場合は、できるだけ洗わずに持参しましょう。

Q　体調が悪い場合は？

A　場合によっては、生命にかかわる健康障害を引き起こす危険性もありますので、医療機関へ早急に受診することをおすすめします。普段とは異なる症状を伝え、検査や処置等をお願いしましょう。

Q　妊娠が心配な場合は？
A　被害から72時間であれば、緊急避妊薬を服用することによって、ほとんどの場合、望まない妊娠を防ぐことができます。妊娠や性感染症の心配もあるので、医療機関になるべく早く相談しましょう。
Q　写真や動画をネットにアップされたら？
A　写真や動画を削除することができる場合があります。インターネット上の違法・有害情報への対応についてのアドバイスや情報提供、画像等の削除を行っている専門の相談機関に相談しましょう。
Q　証拠がなかったり、時間がたってしまったら相談できないの？
A　「証拠となるようなものが何ものこっていない」、「被害から72時間以上経ってしまった」という場合でも相談することは可能です。あきらめないで相談してください。

内閣府男女共同参画局HP
「薬物やアルコールなどを使用した性犯罪・性暴力に関して」より引用

http://www.gender.go.jp/policy/no_violence/dfsa/index.html

しかし、詩織さんが提案する、さらに進んだ専門機関との連携や、血液検査まで踏み込んではおらず、課題は残されたままです。

起訴の壁

詩織さんは事件の起訴のため、ありとあらゆる努力を続けましたが、不起訴になってしまいました。不起訴となったため、検察審査会に申立てをしましたが、十分な理由も示されないまま、「不起訴相当」という処分が出てしまったといいます。

不起訴処分の前、担当検察官はこのような話をしたといいます。

「日本においては、性犯罪を立証するのはとても難しい。日本の刑法では被疑者の主観をとても重視する傾向があるのです」

「アメリカの刑法では、主観よりも客観的な事実で起訴ができる。日本では、客観的な状況だけでは明らかに有罪だったとしても、被疑者がそれを認めない限り有罪になりにくいのです。強力な証拠が求められます。たとえば、犯行を撮った映像や音声、第三者が目撃していた等々。私はアメリカの司法の現場でも経験があるので、よくわかります」

詩織さんはこの説明に納得していません。

しかし、犯行を撮った映像や音声、第三者が目撃していたなどの証拠がない限り準強制性交等罪が成立しない、とすれば、密室で起き、しかも被害者が意識を失っていることの多いこの犯罪を立証するのはほとんど不可能に近い。そのことをこのやりとりは物語っています。

詩織さんが不起訴になった経緯には疑問がたくさんあります。しかし、このような捜査実務、そして法律規定やその立証に関して法曹界で共有されている常識が変わらない限り、被害者は救われない、ということは明らかではないでしょうか。

性暴力被害者としての実体験から、日本のシステムの問題点を指摘した詩織さんの問題提起はとても貴重なものです。私自身、彼女の書籍を読んで、実務家の一人として彼女をはじめ性暴力被害にあった方々に苦渋の思いをさせている司法と社会システムを放置してきたことを深く反省しました。

今、法と実務を抜本的に変えない限り、同じ苦しみを経験する被害者は後を絶たないでしょう。勇気を出して声をあげた詩織さんの想いを無にしてはならないと思います。社会には、詩織さんの問題提起を丁寧に検討し、制度化することが求められています。

第11章
改めて刑法改正を考える

ここまで見てきたことを踏まえ、改めて刑法改正について考えてみたいと思います。ここからは、少し法的なややこしい文章となりますことをお許しください。

強制性交等罪の高いハードル

① 厳しい要件

強制性交等罪の「暴行」「脅迫」という要件が厳しすぎる現状について何度か取り上げてきました。

強制性交等罪について必要とされる「暴行・脅迫」という要件について、皆さんのなかには、「無理やり、という以上、暴行や脅迫等があったはずではないの?」「要件があっても仕方がないのでは?」と思う方もいるかもしれません。はたしてそうでしょうか。

強制性交等罪で要求される「暴行」または「脅迫」の要件はとてもハードルが高いのです。私は大学生の頃、法学部で刑法を勉強し、この条文を勉強したときの衝撃を覚えています。

第3章でも書きましたが、刑法の条文に書かれている「暴行」という言葉にはランクが分かれていて、強制性交等罪が成立するために必要とされる程度の暴行は、もっとも強い「最狭義の暴行」である必要がある、とされています。

最広義の暴行	人に対すると物に対するとを問わず、不法な有形力行使のすべて。内乱罪などに適用される。
広義の暴行	人に対する直接・間接の有形力の行使をいい、人の身体に対して加えられるのと物に対して加えられるのとを問わない。公務執行妨害罪や強要罪に適用される。
狭義の暴行	人の身体に対する直接・間接の有形力の行使。暴行罪に適用される。
最狭義の暴行	人の犯行を抑圧するのに足りる程度の人に対する有形力の行使。強盗罪、強制性交等罪に適用される。

公務執行妨害罪や強要罪が成立する程度の暴行の強さがあっても、強制性交等罪は成立しないのです。暴行罪が成立する程度の暴行があっても、強制性交等罪は成立しないとされるのです。

なぜ強制性交等罪という犯罪が成立するために、他の独立した犯罪である「暴行」が要件として必要なのか、というのも不合理ですが、暴行罪が成立する程度の暴行では強制性交等罪は成立しないというのは誰が見ても疑問符がつくはずです。

この「暴行・脅迫」をめぐっては、後の基準となる有名な最高裁判例があります。1950年代、太平洋戦争が終わってから約10年に出た最高裁判決なのですが、今もこの判例が踏襲されています。

「所論引用の当裁判所判例は、刑法一七七条にいわゆる暴行脅迫は相手方の抗拒を著しく困難ならしめる程度のものであることを以つて足りると判示している。しかし、その暴行または脅迫の行為は、単にそれのみを取り上げて観察すれば右の程度には達しないと認められるようなものであつても、その相手方の年令、性別、素行、経歴等やそれがなされた時間、場所の四囲の環境その他具体的事情の如何と相伴つて、相手方の抗拒を不能にし又はこれを著しく困難ならしめるものであれば足りると解すべきである（最判昭和33年6月6日）」。

古めかしい言葉ですが、要するに、暴行脅迫そのものは、とても強いものでないとしても、全体の状況からみて抵抗ができないような暴行・脅迫だと認められれば、強姦罪は成立します、ということです。

しかし、実のところはどうかといえば、多くの事件で、大変高いハードルを突き付けられ、加害者が起訴されない、無罪判決になる、そもそも被害届すら受けつけてもらえない、という事態が起きているのです。

たとえば、2014年9月には東京高等裁判所が、一審で有罪となった強姦事件で逆転無罪判決を出しています。

その事件は、夜8時半頃、千葉県内の小学校校庭内の人気のない場所で、当時15歳の被害者に対し、25歳の男性が肩を押してコンクリートブロックの際に追い込んで、キスをしたり胸を触るなどした後、パンツを引きずりおろし、向きを変えて背後から性交した、という事案です。

被害者が「やめて」と言ってズボンを脱がされないように抵抗したり、被告人の手を押さえようとしたのに、被告人は性交をやめなかったというのです。

一審は、被害者の抵抗を著しく困難にする程度の暴行があるとして有罪にしましたが、東京高裁は、被告人の行為について「背中をコンクリートブロックに押し付けた以外は、合意の上での性交の場合にも伴うような行為に及んだにとどまり、女生徒の抵抗を排除するような暴行脅迫は加えていない」とし、「性交の際の両者の体勢によれば、女生徒が足をばたつかせるなどしさえすれば、性交を容易に妨げることができた」としています。

被害者が小柄な15歳の女性で、飲酒をしており、左ひざを怪我していたという状況についても「(被害者が)性交の際にもズボンを下ろされないようにつかんだり、被告人の手を押さえるなどの抵抗をしたというのであるから、それなりの運動能力を保持していた」として、「被告人が女生徒の抵抗を著しく困難にする程度の暴行を加えて性交に及んだと認めることはできない」として無罪を言い渡しています。

判決を読んで、少女が置かれた情景を思い浮かべると胸が痛みます。性犯罪のハードルがいかに高いかわかっていただけるでしょうか。

②　他の犯罪ではどうなのか

この要件の厳しさは、他の犯罪類型と比較するとわかっていただけるのではないでしょうか。

たとえば、人のモノを奪う罪は、窃盗（許可なく占有を移転してしまうこと〜暴行も脅迫も不要です）、恐喝（人を怖がらせて財産を取り上げること〜脅迫が必要とされていますが、強制性交等罪に必要なほど強い脅迫でなくてもＯＫとされています）としてそれぞれ処罰されます。

強制性のランク	財産を奪う	意に反して性交する
1 承諾なく実行	窃盗罪	不同意性交罪（存在しません）
2 畏怖させて実行	恐喝罪	恐怖等を利用した性交罪（存在しません）
3 暴行・脅迫をして実行	強盗罪	強制性交等罪（存在します）

しかし、意に反して性交を強いる行為については、暴行も脅迫も不要な窃盗と類似した類型の犯罪が規定されていないし、恐喝と同様の類型の犯罪もないのです。

もし窃盗と同様の保護を導入するとすれば、上の表の右側に示したような法律になるべきではないでしょうか。

なぜ、財産には、上記の表の強制性のランク1〜3に対応する犯罪規定が用意されていて、性的自由には一番悪質で深刻なものしか犯罪規定がないのでしょうか。

上記の2は、「準強制性交等罪なのでは？」という意見もあるかもしれませんが、現状の準強制性交等罪は大変ハードルが高いことに鑑みれば現状ではそのようには思われません。

たとえば、恐喝の場合には、「10日前に脅迫を受けて、恐ろしかったので、10日後にお金を振り込みました」といったケースでも恐喝罪は成立します。

ところが、第1章でみた愛知県で起きた実父による性的虐待事件では、1件めの性交の1ヶ月以内に激しい暴力を振るわれていたため、抵抗しても無駄だと思い、性交に応じた、という事案ですが、準強制性交等罪は認められませんでした。恐喝罪の被害者のほうが手厚い保護がされていて、恐喝罪の加害者のほうが厳しく罰せられているのです。

次に、業務を妨害した犯罪との比較を見てみましょう。

業務妨害については、偽計（人を欺くこと）、威力（人を制圧するに足りる実力）を用いた場合は、それぞれ偽計業務妨害罪、威力業務妨害罪に問われます。

ところが、性交の場合、偽計や、威力というようなレベルでは、犯罪が成立しない、ということになります。私たちの性的自由は、業務妨害ほどの保護も受けていない、ということになるのです。

こうして、**業務、財産に関する犯罪と比較してみても、性的自由というのは軽く見られているの**だ、と愕然とします。

業務、財産はたしかに大事かもしれませんが、性被害は被害者に一生消えない心の傷を残すこともしばしばあります。なぜ業務や財産のほうが保護されるのでしょうか。

③ 古い価値観に縛られていいの？

その背景には、制定当時の「貞操観念」に対する神話のようなものがあったのではないかと思います。当時の強姦罪は女性が被害者の場合の規定。そして保護すべき利益（専門用語で「保護法益」と言います）は、「貞操」でした。

女性というものは貞操を守るべきものであり、夫以外の男性から言い寄られれば、舌を噛んで死ぬくらい夫に忠実であるべき、という女性に対する理想像の押しつけがあったのではないでしょうか。また、法律をつくるのは男性ですから、性暴力にあう女性の心理もわかるはずもありません。

何と言っても、この刑法そのものが112年以上前、女性に参政権もない時代にできたのです。法律制定の議論に女性は参加していませんし、女性の被害体験や心理を反映してつくられた法律ではないのです。**女性参政権もない時代につくられた法律を金科玉条のようにまつりたて、改正は認められない、とするのはいかがなものでしょうか。**

112年の間には憲法だって大日本帝國憲法から日本国憲法に変わり、民法だって改正されたのです。戦前の民法には「妻は無能力」と記載されていたのが、時代にあわせて改正されました。

なぜ刑法の性犯罪の要件だけ、変えてはならないのでしょうか。時代にあわせて疑問を投げかけてみる必要があるのではないかと思います。

準強制性交等罪の高いハードル

すでに何度か出てきている準強制性交等罪の要件である「心神喪失・抗拒不能」。実はこれらの概念について、最高裁判所などではっきりと決められた定義はありません。

過去の裁判例で似たようなフレーズが繰り返し使われる、お手本となるような裁判例の基準は以下のようなものです。

> 刑法一七八条にいう抗拒不能は 物理的・身体的な抗拒不能のみならず心理的 精神的な抗拒不能を含み、たとえ物理的・身体的には抗拒不能といえない場合であってもわいせつ、姦淫行為を抗拒することにより被り又は続くと予想される危難を避けるため、その行為を受け容れるほかはないとの心理的精神的状態に被害者を追い込んだときには、心理的・精神的な抗拒不能に陥れた場合にあたるということができる。
>
> そして、そのような心理的・精神的状態に追い込んだか否かは 危難の内容、行為者及び被害者の特徴、行為の状況などの具体的事情を資料とし、当該被害者に即し、その際の心理や精神状態を基準として判断すべきであり、一般的平均人を想定し、その通常の心理や精神状態を基準として判断すべきものではない。刑法一七八条は、個々の被害者の性的自由をそれぞれに保護するための規定であるから、犯人が当該被害者にとつて抗拒不能といいうる状態を作出してわいせつ、姦淫行為に及びもつてその性的自由を侵害したときは、当然その規定の適用があると解すべきである。

（東京地判昭和62年4月15日）

この判例を見ると、抗拒不能には「物理的・身体的な抗拒不能」だけでなく、「心理的・精神的な抗拒不能」があるとされ、抵抗できないような状況に追い込んで性的自由を侵害した場合は、抗拒不能と認められるのだ、と読めます。

しかし、ここに書かれていることはケースバイケースで判断すればよい、というあいまいな内容です。つまり明確な基準が確立されていないのです。

そして、第1章でみた、19歳の娘に対する準強制性交等の罪が問われた事件では、非常に高いハードルに引き上げられたのです。

●生命・身体などに重大な危害を加えられる恐れがあった
●性交に応じるほかには選択肢が一切ないと思い込まされていた

裁判官は、抗拒不能といえるためには、このようなことがいえるくらい極限状況でなければならない、という基準をうちたてて、19歳の被害者はこれにあたらない、として無罪判決を下したのです。

被害者の意に反する性虐待であったことが認められながら、「抗拒不能」が認められず、世間では大きな疑問符がついています。

第5章では、「抗拒不能」が認められたにもかかわらず、加害者に「故意」がなかったとされ無罪になった事例も紹介しましたが、考えてみれば、「抗拒不能」そのものがとてもあいまいな概念で、判例によってもその判断がまちまちなのが現状です。

専門家の判断がまちまちなのに、一般人である加害者に、何が「抗拒不能」なのかわかるでしょうか。どのラインが許されてどのラインが違法なのか、はっきりしていないという点で、誰にとっても判断不可能でしょう。

そのようなあいまいな概念について「故意」があるか否か、ということをつきつめていけば、容易に「故意がなかった」という言い分が認められてしまうでしょう。

「抗拒不能」はあまりにあいまい、不明確であり、時に極めて厳しく解釈され、それが被害者に寄り添わない結論を生んでしまうことにつながっているのではないでしょうか。

なぜ、改正は見送られたのか

こうした状況を踏まえ、2017年の刑法改正の前に、「暴行・脅迫、抗拒不能などの要件を撤廃すべきか否か」が法務省の検討会で一度議論になりました。「法制審議会」という法律改正に必要な委員会の前段階として有識者を集めた「性犯罪の罰則に関する検討会」という会議の俎上に載ったのです。

この有識者の検討会では、暴行・脅迫などの要件の撤廃にはほとんどの学者が反対の意見を述べました。たとえば、以下のような有力な意見が発言されています。

たとえ性交について合意がない、要するにそれが被害者の意思に反するものだとしても、第177条が予定している強度の暴行・脅迫がないがゆえに強姦罪が成立しないことがあるのだという、そういうものではないと思うのです。

判例実務は、被害者の意思に反する性交であったのかどうか、合意なき性行為であったのかどうかということを、行われた暴行・脅迫を状況証拠として用いつつ認定しているのでありましょう。判例実務にとり、意思に反すること、性交について合意が否定されることと、最狭義の暴行・脅迫の存在が認定されることとはイコールと考えられていると推測するわけです。

もし仮に性交に関する完全な合意はないが、しかし、強姦罪の予定するよりは軽い程度の暴行・脅迫はあって、被害者側に意思の瑕疵が認められるというのであれば、もしそういう事態が想定可能なのであれば、「受け皿構成要件」としての強要罪で処罰することは可能であるはずです。

しかし、そうしてこなかったというのは、性交に関する完全な合意は存在しないけれども、程度の低い暴行・脅迫は認められるという事態がおよそ想定されてこなかったということを意味するはずなのです。

この発言をされた教授は、合意がないことと再狭義の暴行・脅迫が認められることはイコールだ、と説明されています。しかし、性交について合意がないことと、再狭義の暴行・脅迫、もしくは抗拒不能がイコールでないことは、これまでみた、意に反する性行為であることが認められながら、暴行・脅迫、抗拒不能などが立証されないために無罪、という判例からも明らかになってきているのではないでしょうか。

さらに、この教授は続けます。

> もし、被害者の意思に反すること、性交に関する合意が存在しないことと、最狭義の暴行・脅迫が認定されることとをイコールと考えるのが判例実務の基本的な考え方であるという私の見立てが正しいとすると、そのことは結局、判例実務は、被害者の意思に反すること・性交に関する合意がないことを間違いなく確信できるという事例のみについて強姦罪を成立させようとしている、ということを意味します。
>
> 言い方を変えますと、そこでは、立証のハードルを十分クリアできて、かつ犯人側の合意に関す

る誤信ないし錯誤の主張も排斥できるという場合にだけ強姦罪の成立を認めようとしているのです。
そうであるとすると、そのことを前提として暴行・脅迫要件を一般的に排除するとどういうことになるかと言えば、それは被害者の意思に反することを間違いなく確信することができないような事例を強姦として処罰する、有罪とするということを意味することになりましょう。

こう述べた後でこの委員は、それは「疑わしきは被告人の利益に」の原則に反する、として反対する、という姿勢を示しました。

たしかに「疑わしきは被告人の利益に」の原則は大切でしょう。
しかし、なぜ「意に反することを間違いなく確信」することを強く要求するのでしょう。第5章で見たとおり、刑法における「故意」には、犯罪事実の実現を確定的なものとして認識すること（確定的故意）だけでなく、結果発生の可能性を認識し、しかも結果が発生してもよいという認容がある場合（未必の故意）という不確定な「故意」があるはずです。

そもそも、被害者が明らかに「NO」と言っている、または拒絶的態度を示している場合でも、さらに再狭義の暴行または脅迫がない限り、加害者は「被害者の意思に反することを間違いなく確信できるとは言えない」とはどういうことでしょうか。

それは「いやよいやよも好きのうち」「NOはYES」を規範として固定化するものであり、第5章でご紹介したNHK「あさイチ」のアンケートに代表されるような日本の男性の認知のゆがみ（たとえば、泥酔していれば、一緒に食事をすれば、同意とみられても仕方がない、という回答が多かった）を今後もそのまま前提としてルールにし続けるということを意味します。それでいいのでしょうか。

NOと言われたら引き下がるべきだし、少なくとも「意に反する性行為」と認識すべきではないのでしょうか。

他の委員はこんな意見も述べています。

不同意罪という形、暴行・脅迫要件を全面的に撤廃して、たとえば不同意ということを要件にするとなると、実務上も結局、どういった場合が該当して、どういった場合が該当しないのか、いわゆる擬律判断ということですけれども、これをするときに一体何を判断材料にしていいかわからないということになってしまいます。
被害者の認識という、多くの場合、必ずしも外形的に表れないものによらしめるとなると、実務的には適用の場面で非常に困難が生じてしまうということで、そういった観点からも結論としては全面撤廃には消極的な意見を持っております。

つまり、他人の承諾を得ない、不同意、というだけでは被害者の認識という主観的な要素になってしまうので、非常に適用が難しい、というのです。また、主観的な要件で決められてしまうのは冤罪の可能性を生む、という指摘もあります。

しかし、諸外国では、第6章でみたとおり、同意とは何か、について、定義をしっかりと明記している国もあります。そこから、同意の認定も十分に可能になるのではないでしょうか。

たとえばドイツでは、不同意性交について「認識可能な意思に反して」としています。

ドイツ　刑法第177条第1項

他人の認識可能な意思に反して、その者に対する性的行為を行い、その者に性的行為を行わせ、又は、第三者に対する若しくは第三者による性的行為をその者に対して遂行若しくは甘受させた者は、6ヶ月以上5年以下の自由刑に処する。

諸外国にも刑法学者がおり、諸外国にも「疑わしきは被告人の利益に」という原則があります。しかし、深刻な性暴力被害をなくすために、学者も、市民も、議員も思考停止せずに、より被害者の心情に即した、そして「疑わしきは被告人の利益に」という原則にも反しないかたちで法改正を進めています。

日本でも、不同意の性交と、刑法で処罰されるレイプとの間に極めて深いギャップがあることが明らかになった以上、思考停止せずに、よりよい法改正を求めていくべき時期に来ているのではないでしょうか。

私の提言

- 暴行・脅迫要件を撤廃し、不同意性交を処罰する。
- 不同意は、「言葉や行為によって、性行為を行うことについての同意がないことを示したこと」などの定義を定める。
- 暴行・脅迫によって行われた場合は、NOと言ったか否かに関わらず、犯罪とし、重く処罰する。暴行・脅迫は、暴行罪・脅迫罪が成立する程度で足りるとする。

心神喪失・抵拒不能要件について

「NO」と表現したのに性交された場合に、不同意性交罪によって処罰されることになると、多くの問題は解決しそうです。しかし、これまで見てきたとおり、人には「NO」とすら言えない状況もあります。

そんなときに、心神喪失・抗拒不能という要件が問題となります。ただ、心神喪失・抗拒不能という要件は極めてあいまいであり、かつ厳しいのが現実です。

この要件についても2017年の刑法改正前の有識者の検討会で議論されました。

しかし、その際に法務省が用意した資料のなかには、比較的ゆるやかに暴行脅迫・抗拒不能を認定して有罪にしている事例が少なくありませんでした。

たとえば、抗拒不能に関して言えば、テレビ局への就職を志望する女子学生が、局の人事担当者と名乗る者から性的関係を迫られ、「断ればここには就職できない」と認識した場合なども「抗拒不能」と認定された、という判例などが紹介されています。

このような事例を見れば、法務省に集まった専門家の間でも「まあ、抗拒不能という要件も割合柔軟に実情に即して判断されているのでしょう」と考えられ、改正する必要まではない、として見送られたことは想像に難くありません。

ところが現実はそうではありません。今回の岡崎支部の判例はあまりに極端だと思いますが、それでもしばしば高いハードルが課されているのです。

では、すべて撤廃して、「NOと言いたかったけれどNOと言えなかった場合」という規定にするとどうなるでしょう。そうすると、「相手方にとってはまったく思いがけない状況で犯罪とさせられてしまった」ということになるかもしれません。

また現行法ではレイプには「故意」が必要とされていますが、「NOと言いたかったけれどNOと言えなかった」ことを認識していない場合は無罪となってしまうことになります。

ではどうすればよいか。「NOと言いたかったけれどNOと言えなかった」事情を明確な要件にすることが必要となります。

それは、①支配・被支配の関係や優越的地位を利用された場合、②心身の障害や恐怖など、被害者側の脆弱な状況を利用された場合の二つに分かれると私は考えます。

まず、①支配・被支配の関係や優越的地位を利用された場合に関しては、地位関係性を利用した海外の法制を導入すべきではないでしょうか。

台湾の規定

性交するために、家族、後見人、家庭教師、教育者、指導者、後援者、公務員、職業的関係、その他同種の性質の関係にあることが理由で、自身の監督、支援、保護の対象になっている者に対する権威を利用した者は、6ヶ月以上5年以下の有期懲役刑に処する。

韓国の規定

1．業務、雇用その他の関係により、自らの保護又は監督を受ける人に対し、偽計又は威力により、姦淫した者は、5年以下の懲役又は1500万ウォン以下の罰金に処する。

2．法律により拘禁された人を監護する者が、その人を姦淫したときは、7年以下の懲役に処する。

②の脆弱な立場に乗ずる、という点ではスウェーデンの規定が具体的で明確です。

スウェーデンの規定

無意識、睡眠、深刻な恐怖、酩酊その他の薬物の影響、疾患、身体障害、精神障害もしくはその他の状況により特別に脆弱な状況に置かれていた状況を行為者が悪用した場合。

フィンランドの規定も参考になるでしょう。

フィンランドの規定

病院その他の機関において患者となっている者で、自己を防衛し、又は意思を形成若しくは発するることが、疾患、障害、又はその他の無気力な状況のために実質的に阻害されている者。

私は以下を提言します。

私の提言

心神喪失、抗拒不能の要件に代わり、抵抗ができない事情を明確化する規定を導入すること。

（1）無意識、睡眠、深刻な恐怖、酩酊、薬物の影響、疾患、心身の障害、畏怖状態、その他抵抗できない状態に乗じて性交した場合

（2）家族、後見人、家庭教師、教育者、指導者、後援者、公務員、職業的関係、その他同種の性質の関係にあることが理由で、自身の監督、支援、保護の対象になっている者に対し、その権威を利用して、または偽計ないし威力を用いて性交した場合

（3）学校、その他の機関、病院、法律に基づく拘禁施設、福祉施設、その他施設などで監督ないし保護下におかれている者の依存関係を利用して性交した場合

子どもに対する性行為について

日本では、性交同意年齢（同意の有無に関わらず性行為をしたら犯罪になる年齢）は、13歳と規定されています。

しかし、13歳といえば、中学1～2年生。それまでにしっかりと性教育がなされているのでしょうか。性とは何か、わかったうえで、YES・NOが言えるのでしょうか。

世界的に見れば性交同意年齢は以下のようになっています。

日本・韓国	13歳
ドイツ・台湾	14歳
フランス・スウェーデン	15歳
カナダ・イギリス・フィンランド	16歳

欧州のほうが、性教育を子どもの頃からしっかり行っているのに、それでも性交同意年齢は日本よりも高く、子どもたちは守られています。

「でも、子ども同士の性行為を犯罪としてしまうのは、過度な介入ではないの？」という意見もあるでしょう。

諸外国では、性交同意年齢を定めるとともに、18歳未満の子どもに対し、大人が影響力を行使したり、未熟な状況を利用して、性行為をする場合を犯罪としています。また、年齢差の大きい未成年間の性行為について年長者を処罰しています。

日本では2017年の刑法改正により、監護者によるわいせつ行為、性交等は、子どもの同意の有無を問わず犯罪とされました。

刑法第179条（監護者わいせつ及び監護者性交等）

1　十八歳未満の者に対し、その者を現に監護する者であることによる影響力があることに乗じてわいせつな行為をした者は、第百七十六条の例による。

2　十八歳未満の者に対し、その者を現に監護する者であることによる影響力があることに乗じて性交等をした者は、第百七十七条の例による。

しかし、「監護者」は狭すぎるでしょう。教師や家庭教師、コーチ、施設関係者など、子どもを保護・指導する立場の者による性交やわいせつ行為についても拡大するなどして、子どもを保護する必要があるのではないでしょうか。

児童福祉法では「児童に淫行をさせる」行為が犯罪とされ、また、全国の都道府県には、青少年保護条例が18歳未満の者と淫行をした者を処罰する規定を置いています。しかし、それぞれの処罰は、強制性交等罪に比べて軽く、「淫行」という捉え方も、被害の実態に即したふさわしいものとは言えません。

私の提言

性交同意年齢の引き上げを検討すること。特に年齢差の大きい当事者間の性交については、処罰されるようにすること。
監護者性交等罪の範囲を拡大し、支配的地位にある者による子どもに対する性行為を同意の有無に関わらず処罰すること。

第12章
「ヤレル女子大生?」抗議する若い世代

ヤレル女子大生ランキングが炎上

2018年12月25日号『週刊SPA!』（扶桑社）が大問題になりました。「ヤレる」、つまり性行為に及びやすい女子大生の特徴を紹介した記事を掲載したのです。問題となった記事は「ヤレる［ギャラ飲み］実況中継」という特集。

ギャラ飲みとは、女性に料金を支払って飲み会に招待して一緒に飲む飲み会のことです。最近では参加者の男女をマッチングするアプリも複数あるとのことで、記事は取材班がアプリを使って出会った女子大生とホテルに行くまでの過程をレポートするという内容でした。

この記事のなかに、「ヤレる女子大生RANKING」というコーナーがありました。これは、ギャラ飲みマッチングサービスアプリを運営する会社の社長が勝手に都内近郊の大学名を挙げてランキングしたものです。あまりにも杜撰な、独断と偏見に基づく根拠によって、上位1〜5位に5つの大学が名指しされました。後に社長は、『SPA!』編集部からの依頼により、自分の主観で勝手にランキングを決めた、と告白しています。

さらにヤレる女子の服装などの特徴として、

・前髪重めのセミロング
・メイクは目力が弱く、リップも薄め
・バッグはハンドバッグより大きめなサイズ
・靴はハイヒール低め
・肩に透け感のあるレース素材の服
・一見清楚に見えるモノトーン系の服の子は打率が高い
・肩を露出しているオフショルダーの子
・ニット素材のタイトワンピースの子

などと書かれています。

女性を「性の対象」「性行為ができるかどうか」で判断し、その判断基準やランキングまで出す、女性を性的対象として見る、というゆがんだ価値観、ジェンダーロールをメディアがまき散らしていたのです。

この社長はさらに誌面で、「ギャラ飲みでヤるために必要なスキルとは？」と題して、「就活相談に乗るなどして、『仲良くなったらメリットありそう』と思わせるのが重要です」などの指南までしています。

また、ルポも、最初はガードの堅かった女子大生が、酔いが進むと親密な態度になったなどとし、就職活動の相談に乗り、「行きたい会社のOBを探しておく」などと職権濫用を振りかざし、酔いも回ったところでホテルに誘い、OKをもらう、という経過が書かれていますが、そもそも、酔わせたり、優越的な立場を濫用して性行為に及ぶ、という女性の脆弱性を利用した性暴力につながりかねない行動が当たり前のように成功体験として推奨されており、大問題です。

名指しされた5つの大学は、「女性蔑視」「時代の流れに反する」「女性の名誉と尊厳を著しく傷つける」などと、続々と抗議声明を発表しました。
編集部は次のとおり謝罪コメントを発表しましたが、ずれている、問題を受け止めていない、とさらに批判されました。

『より親密になれる』『親密になりやすい』と表記すべき点を読者に訴求したいがために扇情的な表現を行ってしまったこと、運営者の体感に基づくデータを実名でランキング化したこと、購読してくださった読者の皆様の気分を害する可能性のある特集になってしまったことはお詫（わ）びしたいと思います。
セックスや性にまつわる議論については、多種多様なご意見を頂戴しながら、雑誌として我々にできることを行ってまいりたいと思っています。

そんななか、大学生たちが立ち上がりました。2019年1月4日から署名サイト「Change.org」で抗議の署名活動をスタートしたのです。

呼びかけた女性は国際基督教大学（ＩＣＵ）の学生・21歳の山本和奈さん。署名サイトに、「女性の軽視は笑い事ではありません」「私達、女性は男性より下ではありません。同じ人間です。男性のために存在しているわけではありません。日本でも女性に権利を、そして女性に対する軽視を無くしましょう」と訴えて署名を呼びかけると、スタート直後からネットを中心に反響を呼び、社会現象となりました。１週間たらずで約４万３千筆もの署名が集まったのです。

他にもあったランキング

『ＳＰＡ！』には、他にもランキングがありました。10月23日号でも、２０１８年ランキング「この女子大生がエロい」と題して、「ヤリマン棲息数ランキング」「合コンお持ち帰り率ランキング」「ストリートＳｅｘ率ランキング」「パパ活女子ランキング」「就活ビッチランキング」「処女が多い大学ランキング」を掲載、女性を単なる性行為の対象としてしか見ない体験談や偏見に基づく評価をえんえんと書き連ねています。

極めて限られた経験談（そもそも本当にあったのかどうかもわかりませんが）を一般化し、大学を名指しすることがいかに危険なことでしょうか。

名指しされた大学の女子学生はみな不当な偏見にさらされ、性暴力の対象になりやすい状況に置かれてしまいます。また、こうした記事をもとに、「就活でアプローチする女子学生は性行為ＯＫ」「合コンに参加する女子大生は簡単にお持ち帰りできる」という誤った意識が勝手につくられるとすれば、由々しき問題です。

ＮＨＫのアンケートを再度思い出してみましょう。

性行為の同意があったと思われても仕方がないと思うもの（複数回答）

2人きりで食事	11%
2人きりで飲酒	27%
2人きりで車に乗る	25%
露出の多い服装	23%
泥酔している	35%

こんな呆れた意識を増長しているのがこうした雑誌だったのです。

合コンに行ったり飲み会に参加したとしてもそれは性行為OKではありません。就活で男性OBと交流してもそれは性行為OKではありません。当たり前のことです。

どの男性といつどんな性行為をするのか、それは女性の自己選択にとって大切なことであり、誰でもOKという大前提はあまりに女性をばかにするものです。

ライターの小川たまかさんは、最近の大学を舞台とするレイプ被害事件と『SPA!』の記事に代表される発想が共通していることについて問題提起します。それは「飲み会」「女性蔑視」です。

ここ数年に報じられた女性が被害者となった性犯罪事件を挙げたい。共通するのは、飲み会が発端だったことだ。

東大の学生による集団強制わいせつ事件、慶応大学ミスコン主催者らの集団レイプ、千葉大学医学部学生らによる集団レイプ、東邦大同窓生らによる集団レイプ、リアルナンパアカデミー塾長らによる集団レイプ。

東大の事件をもとにした小説『彼女は頭が悪いから』（姫野カオルコ）が話題になったが、小説のタイトルは、実際に加害者の一人が裁判で語った言葉だ。

yahoo! ニュース
「『ヤレる女子大学生ランキング』批判に戸惑うメディアの人へ」（小川たまか）
https://news.yahoo.co.jp/byline/ogawatamaka/20190113-00110991/

そして、『ＳＰＡ！』記事の内容からは、「性に奔放な女性や口説きやすい女性を見下す目線が窺える」といいます。『ＳＰＡ！』の記事のなかには、女性について、「ちょいおバカで親しみやすいコが多く、すぐ『ま、いっか』と流される」「田舎モノの上京ノリでクラブに行きまくって、いつの間にか野生ビッチ化しています」などの記述があります。

小川さんは、こう指摘します。

「頭が悪そうに見える」「軽そうに見える」ことが「性的に雑に扱っても構わない」理由につながる意識がある。男性こそ、女性に理由をつけて「ヤレる」「お持ち帰りできる」対象と見ることの危うさに気づくべきだ。理由をつければ性的に雑に扱っても構わないというのは、される側に理由があれば体罰やいじめも肯定されると言うのと似ている。

女性をリスペクトして性行為をするのではない、単なる欲望、性衝動のはけ口として、自分が差別する対象、侮蔑の対象である未成年や未熟な女子大生と「ヤる」。日本における性行為のすべてがそうだとは思いたくありませんが、少なくとも『SPA!』の特集はそのような価値観を拡散してきたし、いくつかの大学生の性暴力事案でもそうした意識が見え隠れするのです。

さらに小川さんはこの問題に立ち上がったのが21歳の大学生で、彼女が危機感をもったことにあると言及し、未成年や若い学生に「自分のことは自分で守れ」と責任だけ押し付け、一方では大人が未成年や学生を性的対象にして当然という価値観を垂れ流すことに、大人がもっと危機感を持つべきなのではないか。

と問題提起しています。本当にそのとおりでしょう。

声をあげた大学生

『SPA！』のような特集は、表現の自由を理由に守られてきました。

こうしたことを批判すると「ヒステリー」「表現の自由の問題」などと反撃されるので、女性たちも不快であっても、「男性雑誌の範囲でやるなら、不愉快だけど見ないでやり過ごす」という態度で来たのではないかと思います。

しかし、危機感をもったのは、こうしたランキングで標的にされた女子大生たちでした。

署名に立ち上がった山本和奈さんは、日本ではこうしたことに声をあげるとバッシングされるけれど、黙っているべきではないと思った、と言います。

山本さんは声をあげた理由について、「大学生の約半数は未成年です。本来であれば社会に守られるべき存在なのに、こうして『性的に消費して当然』というメッセージがメディアを通じて発信される現状に驚き憤っています」と言い、「2018年、世界中の女性達が戦い、女性の権利を、女性の声が届くように働きかけました。日本で初めてのG20が今年、2019年に開催される中、新年早々こんなランキングを出版するのは、冗談にもほどがあると思います。週刊誌および出版社による、女性の差別用語、軽視する発言を今後一切やめる他、今回の記事の撤回及び謝罪をお願いします」と社会に行動を呼びかけたのです。

これを受けて、社会がこれに応え、署名は5万3000以上（2019年7月現在）集まりました。山本さんたちは署名を受けて『SPA!』編集部と対話を行いました。その様子は、『SPA!』のウェブサイトに公開されています。

申し入れを受け、『ＳＰＡ！』編集部は、次のように語っています。


「実は、ＳＰＡ！編集部の女性編集者のなかには、今回の特集掲載後に『ひどいね…』『読んでいてつらい』という声もありました。私もひどいと思います。ですが、出版される前にその声を吸い上げる仕組みになっていなかった。

弊誌編集部は声を挙げにくいわけではないのですが、現場編集者―副編集長―編集長という縦系列で企画が進んでいくので、周りは途中段階であまり内容がわからないのです。

また、ＳＰＡ！も含めて男性週刊誌の性的記事がどんどん過激化していく中で、見るに堪えないと思いつつ、私も感覚がマヒしていたと思います」

https://nikkan-spa.jp/1542787

山本和奈さんとともに対話に参加した後藤稚菜さんは、次のように問題提起しました。

「『性的合意』はとても大切だと思っています。たとえば、お酒を飲ましして酩酊させてやったら、同意ではない、強制わいせつ・レイプですよね。私の周りでも、酒飲まされてレイプされたなんていくらでも聞く話なんです。そんななかで、〝こうすればギャラ飲みでヤレるんだ〟というような記事を面白半分でつくられると、すごく恐怖感を持つんです」

「『ノー』と言えば拒否、というより『イエス』と言うのが性的合意だ、というのがグローバルスタンダードになっているんです。『いやだ』って言えなかった場合もありますから。でも、日本では上の世代ほど、いちいち言葉でそんな確認？　という感覚ですよね」

山本和奈さんは、『SPA!』でも性的合意についてきちんと取り上げてほしいと要望、『SPA!』は実行すると約束しました。

山本さんの行動は、性差別的論調が蔓延している日本のメディアの風潮やカルチャーも、みんなで声をあげれば変えることができる、という大切な例を示してくれました。

変わらなければならない社会の意識

山本和奈さんはキャンペーンの後で、声をあげる団体Voice Up Japanを結成して活動を続けています。山本和奈さんはさらに私たちにこんな問いかけをしています。

電車のつり革、コンビニの雑誌売り場。誰でも、子どもでも見える、手に取れるところにこういう雑誌がある。それを問題視しているんです。

メディアの影響は大きくて、見ているつもりがなくても見知らぬうちに目に入ってしまう。女性は軽視されることに慣れてしまって、声を上げにくくなる。4歳のときから女性がランク付けされているのを見ていたら、それが問題だと思わなくなってしまいますよね。

日本では女性をモノのように扱うこと、性的に扱うことは人権問題だという概念が浸透していない。だから「何がいけないの？」「こんなの他にもたくさんある」という声もある。

でも、海外文化に接したことがある人たちには、違うように見えている。外国から人を呼んだときに、コンビニにこんなタイトルの雑誌があるのが恥ずかしい、と言われているんです。

ハフポスト　2019年1月15日
「週刊SPA！編集部『女性をモノとして扱う視点があったと反省』署名を集めた大学生らと直接対談」より引用
https://www.huffingtonpost.jp/2019/01/14/shukanspa-daigakusei_a_23641696/

女性を性的に扱うことが当たり前の文化が続けば、性暴力はなくならないでしょう。そうした文化は変わっていく必要があります。そのような文化を容認し、女性を蔑視する記事を拡散し続けるメディアは『ＳＰＡ！』と同様に変わっていくことが求められています。仕方がないこと、変えられないことではないはずです。

１９９５年、第四回世界女性会議（北京会議）で、世界各国の政府はメディアにおける女性の役割について以下の戦略を実現することを宣言しました。

２４３　表現の自由に矛盾しない範囲で、政府及び国際機関は：

（ｃ）メディアにおける固定観念にとらわれない、バランスのとれた多様な女性像の創造と活用を奨励するために、メディアの所有主及び経営者を含むメディア専門家のための、ジェンダーに対する感受性を養う訓練を奨励すること。

（ｄ）メディアに対し、女性を、創造的な人間、中枢的な行為者、開発の過程への寄与者及びその受益者である存在としてでなく、劣った存在として表現すること、また性的対象及び商品として搾取することをやめるよう奨めること。

（e）メディアで見せつけられる女性差別主義的な紋切り型は男女差別であり、本質において品位をおとしめるものであって不快である、という考え方を促進すること。

（f）メディアにおけるポルノグラフィ及び女性や子どもへの暴力の描写に対し、適切な立法を含め、効果的な施策を講じ、又はそのような施策を開始すること。

244　マスメディア及び広告機関は：

（a）固定観念にとらわれない女性像の描写を促進するために、表現の自由に矛盾しない範囲で、職業上の指針及び行動規範その他の形の自主規制を開発すること。

（b）広告を含むメディアにおける女性関連の暴力的、屈辱的又はポルノグラフィ的な題材に対処する職業上の指針及び行動規範を、表現の自由に矛盾しない範囲で設けること。

（c）地域社会、消費者及び市民社会にとって関心のあるすべての問題に関して、ジェンダーの視点を開発すること。

（d）メディアのあらゆるレベルにおける意思決定への女性の参加を増進すること。

世界ではこの目標が着々と達成され、女性に対する意識は激変しました。日本ではこれがどれくらい実現されているでしょうか。私たちが声をあげて変えていく必要があります。

第13章

Yes Means Yes

法律が変われば人々の意識はすぐに変わるでしょうか。答えは半分はイエス、半分はノーでしょう。法律とともに人々の意識を変える必要があります。

そのためには教育やメディアの影響はとても大きいのです。

なぜ意に反する性暴力をするのか。それは、相手を単なる欲望の対象としてしか見ていない、一人の人間として尊敬し、その意志を尊重するという姿勢がないからでしょう。

最近、あるテレビの特集で性犯罪者と対話をもつ写真家の女性が紹介されていました。彼女は25年前に意に反する性行為をされた経験に深く傷つき、自分を責め、人間に対する信頼を根本的に失い、何度も自殺未遂を繰り返してきましたが、自らの写真を撮影することによって「生きていていいんだ」と認識し快復に向かったものの、今も投薬を受けているといいます。

最近、彼女は性犯罪者との対話を重ねるようになりました。どんなに苦しんだかを加害者に伝えることで、もう二度と繰り返さないでほしい、という願いからです。

彼女が「なぜそんなことをしたのですか」と問いかけると、男性たちは「相手の感情とか痛みとか全然想像しない。ただ物に見えた」と打ち明けたといいます。

一人の人間として女性をリスペクトせず、欲望の対象としか見ない、だから、相手の意に反して、性行為に及んでしまうわけです。本能だけで動く動物とほとんど変わらないのではないでしょうか。

法律とともに変わるべきもの

性行為というのは、人間関係のなかでももっとも親密なものです。そうした行為を、相手を「物」としか見ず、相手の人格を一切尊重しないまま、無理やり強要してしまう。そのような行為をされた人は深く深く傷つきますし、そのような行為を繰り返している人も正常な人間関係を損ない続けているといえます。

なんとか相手が拒絶も抵抗もできない状況に追い込んで、相手がどう思おうが、目的を達成してしまう、そうした性行為はあってはならないはずです。まして明らかにNOと言っているのに性行為をするなど、到底許されないことです。NOと言ってもそれだけでは犯罪にならないという日本の法制度を変える必要があります。

けれども、法律と同時に変わらなければならないのは、性に関するカルチャーや人の意識です。

本当に相手が望んでいるかどうかを確認してから性行為をする、当たり前のことですが、これを大切なルールとしてみんなが認識し、尊重するようになっていくことが必要です。

性行為という親密な行動をする以上、相手を人として尊重し、相手の意思を尊重することは、本来当たり前なのに、そうなっていない現状があります。


日本では唐突にキスをしたり、唐突に性行為をするのがいわば当たり前になっていないでしょうか。相手の意思を確認せずに性行為に及んでしまうことがカルチャーになっていないでしょうか。

突然、性行為をもちかけることが、ある程度親密な関係であれば、愛情のあかし、情熱のあかしとして許される、というおかしな感覚がないでしょうか。

「いやよいやよも好きのうち」と解釈し、「いや」と言われているのに、「許されている」と受け止めて先に進んでしまっているのではないでしょうか。実は本当に「いや」だとしても、性行為をしてしまえばこっちのもの、わかりあえるという誤った考えをもっている場合もあるのではないでしょうか。

あるいは、自分はよかれと思い、愛情のつもりで性行為をしているけれど、自分だけが舞い上がってしまい、相手の考えなど想像が及ばない、ということはないでしょうか。

女性のなかには性行為についてイエス・ノーを言うことに抵抗がある、たとえイエスでも恥ずかしくてイエスと言いにくい、ということもあるかもしれません。

しかし、これからはそういうカルチャーを根本的に変えていくことが求められるでしょう。性行為は同意がない限りしてはいけない、当たり前のことをみんなが当然のルール、たとえば赤信号は渡らない、ごみはごみ箱に捨てるなどと同じルールとして認識すること、子どもの頃からしっかり教育することが性暴力をなくすことにつながります。

世界に広がる「紅茶とセックスのお話」

諸外国では、こうした教育に真摯に取り組む動きが広がっています。No Means Noという法制度を導入している国、イギリス。そのイギリスでも、性行為の同意があることを社会の共通の理解にするために、教育ビデオがつくられています。

特に男性の理解を得るために、イギリスの警察は以下のような「性行為を紅茶にたとえて説明する」というビデオを使って教育をしています。それを日本語にするとこちらの内容になります。

同意という概念が難しいようでしたら、セックスを紅茶に置き換えてみましょう。

あなたは誰かに紅茶を淹れることにしました。

「紅茶はいかが?」とあなたが尋ねたとき

「飲みたかったんだ。ありがとう。ぜひ！」と答えたら
相手も紅茶が飲みたいことがわかりますね。

もしも「紅茶はいかが？」とあなたが尋ねたとき、
「うーん、どうしようかな」と答えた場合
あなたは紅茶を淹れても淹れなくてもかまいません。

しかし
仮に淹れたとしても相手が飲むとは限りませんよね。
もし相手がそれを飲もうとしなかったら
ここが重要です。
相手にむりやり飲ませない。
あなたがわざわざ紅茶を淹れてあげたとしても
相手にそれを飲まなければならない義務はないのです。

相手が「いりません」と答えたなら
淹れるのをやめてください。
少しもいりません。ただ、やめてください。
むりやり飲ませたり
それに対して憤ったり迷惑をかけたりしないこと
紅茶はいらない、ただそれだけのことです。

「いただきます。親切にどうも」と言ったのに
いざ紅茶を出したら、いらないということもあるでしょう。
「せっかく淹れたのに」とイラつくかもしれませんが
しかし
やはりその場合でも、相手にそれを飲む義務はないのです。
先程は飲みたかったかもしれない
でも今はいらないのです。

お湯をわかし、ミルクを入れるまでに気が変わるかも。
しかしそれは全然かまわないのです。
それを飲む義務も飲ませる権利もないのですから。

もし相手が酔っていて意識がないなら
紅茶を淹れるのはやめましょう。
意識のない人は紅茶を飲みたがりません。
そして「紅茶を飲みたいですか」という質問に答えられません。
意識がないのですから。

もし飲みたいかどうか相手に尋ねたときには
はっきりした意識で「飲みたい！」と返され、
あなたがお湯をわかしミルクを入れている間に相手が意識を失っていたなら
その場合、紅茶は置き、相手の安全を確認してください。

ここが再び重要です。
けっして相手にむりやり飲ませない。
先ほど相手は「飲みたい」と言いましたが
意識不明の人は紅茶をほしがりません。

飲みたいと言って飲みはじめ
飲み終わる前に意識を失った場合は
相手に飲みこませようとしない。
紅茶を置いて、相手が安全かどうかを確認してください。
なぜなら意識不明の人は紅茶を飲みたがらないからです。

相手が先週紅茶を飲みたがったからといって
常に紅茶を淹れてもらいたがっているわけではない。

「先週は飲みたいと言っていたじゃないか」と
紅茶を淹れ突然相手の家におしかけて
「先週は飲みたいと言っていただろ」とむりやり飲ませたり
「でも昨日はほしがっていましたよね」と
寝ている相手の喉に無理に流し込んだりしないよね。
欲しくない人に紅茶を飲ませることがどれほど馬鹿げたことか理解できて
相手が紅茶を飲みたくないことも理解できるなら
どうして理解することが難しいのでしょうか。
紅茶もセックスも、同意、承諾、納得がすべてなのです。

とてもわかりやすいです。人は、相手が紅茶を飲みたくないと言ったら無理やり飲ませたりしないのに、なぜ性行為をいやだと言われても、無理やりしてしまい、相手も同意していたとか、相手にスキがあったなどと言い訳するのか？　考えてみればつくづくおかしな話です。

若い皆さんも、オフィスや学校など身近に気になる人がいる方も、ぜひ、このイギリスのビデオを見て、相手を傷つけない交際・コミュニケーションのあり方を考えてみてほしいと願います。

Yes Means Yesの広がり

さらにアメリカは進んでおり、第6章でご紹介した、Yes Means Yes（Yesが同意を意味する）という、より厳しいポリシーを多くの州が採択しています。

学校教育のなかで、学生、生徒に、「相手から明確な同意が得られたときにのみ、性行為に進むことができる」ということをきちんと教育するというポリシーです。そして、学校でキャンパス・レイプの訴えがあった際には、訴えられた生徒を罰するか否か決めるために、「明確な同意を得て性行為したのか否か」を基準にするというのです。

最近、ヒューマンライツ・ナウにアメリカのプレップスクール（アメリカの高校のうち、大学進学のための準備をする学校）に通う女の子がボランティアに来ました。コネチカット州のチョート校というプレップスクールに通う彼女は、「日本では意に反する性行為をしてもすぐには犯罪にならない」ということを話すととてもショックを受けていました。

彼女の高校では、1学期すべてを使って、毎週1回くらいの頻度で、性行為の同意に関する講義が行われるそうです。先ほど紹介したイギリスの「紅茶」のビデオを見てみんなが勉強します。このビデオはイギリスだけでなくアメリカでも活用され、性行為における「紅茶の理論」はみんなの常識になっているそうです。

そしてチョート校では、「紅茶の理論だけでは十分ではない」「本当に相手がOKなのか、まず最初に確認しないと性行為をしてはいけない。まず同意を確認すること」ということを徹底して教えられるというのです。また授業では、アルコールを飲んだときに起きること、アルコールや薬物の影響で性行為を知らないうちにされてしまうリスクなどもしっかり教えるそうです。

こうした教育は小学校のときからあったそうで、プレップスクールではより徹底して教えられる、チョート校だけではない、と彼女は話します。

日本との違いに驚かされます。

Yes Means Yesの法律を2018年に導入したばかりのスウェーデン。ここでも、ただ法律を制定して仕事が終わったということではなく、政府はこの法律の考えを市民に根付かせるために、国中でキャンペーン活動を展開し、教育プログラムにも取り入れていると言います。

仮に法律に書いても、Yes Means Yesの考えが子どもの頃から学校で教え込まれていなければ、社会の常識になっていなければ、性暴力は行われてしまうでしょう。罪に問う、というのは最終手段です。そもそも罪に問わなくて済むように、社会がこのルールを充分に認識することが必要なのです。

漫画かAVからしか性の知識を得られない日本

日本はどうでしょうか。Yes Means Yesという考え方はまだまだ社会に浸透していません。そもそも性や性行為についてどこでも教えてくれません。

性について教えないままでは、知らずに意に反する性行為をしてしまう、親などから性虐待を受けても何をされているのかわからず、NOと言って逃げていいことなのかわからないまま被害にあい続ける、望まない妊娠をしてとても大変な状況に追い込まれてしまう、などといったことを防ぐことはできないでしょう。


日本の男の子が性の知識を得るのは、今では漫画かアダルトビデオです。本当はアダルトビデオは18歳未満は見てはいけないのに、実際には規制がゆるいので誰もがこっそり見ています。

そこには、「Yes Means Yesの理論などなく、女性は一方的にレイプされたり、最初は「NO」と言っていたのに最後は満足そうな表情になっている、というような、誤解を与えるものばかりです。女の子は知識を得る機会がないまま、突然、無理やり性行為をされて深く傷ついてしまう、とても不幸なことです。

そして、相手がたとえ好きな男の子でも、女性を尊重しない性行為のやり方をされればショックを受けてしまうでしょうし、性行為はそんなものだと認識してしまったら、その後も自分で性を楽しむことはできないでしょう。

こっそりとアダルトビデオを見て誤った性の知識を得る以外、知識を得る機会がなければ、男性も女性もオープンな場で、対等平等に同じ知識を得る機会がなければ、いつまでも日本の性をめぐる状況は変わらないでしょう。

民間の調査では、日本人の性に対する満足度はとても低く、性行為をする頻度もとても少ないそうです。そして現在の少子化。性というコミュニケーションを楽しめない、不幸な人間関係があちこちで展開されているのではないでしょうか。

「夫に性行為を強要され、断ると暴力をふるわれる」そんなDVのご相談を私もよく受けます。そうした事例では離婚を申立て、離婚が認められます。

そうでなくても、女性を尊重しない性行為のやり方は、妻から本当に不評。好きで結婚したのにセックスレスになり、離婚に至ってしまうのです。

性に関する教育が十分でないために最初のボタンを掛け違えたまま、不幸な人間関係が日本中で展開されているのではないでしょうか。

「性行為の相手を尊重し、相手から明確な同意が得られたときにのみ、性行為に進むことができる。相手がいやがることはやらない」

このルールが教育やメディアによって徹底されれば、日本のカップルの人間関係も、もっとハッピーなものになっていくでしょう。

女性の立場に立つと、性行為のなかには、実はやりたくない行為もあるはずですが、仕方なくやらされていること、やられていることもあるのではないでしょうか。

女性も、NOと言えることを理解して、即座にNOと言う反射神経を身に着けるようなトレーニングをすることで、性行為に対して自己決定できるようになれば、性行為はうんざりする時間ではなくなるかもしれません。

アメリカのプレップスクールのように、1学期まるまる、週に1時間くらい毎週、この問題を教えること、それも小学校のうちから教えることが必要ではないでしょうか。メディアの役割もとても大切です。

しかし、教育だけが充実し、メディアががんばったとしても、結局「意に反する性行為というだけでは処罰できない」というのが結末だとしたら、みんなが混乱します。「どっちのルールが正しいのか？」と。

不同意の性交は人権侵害であり違法であることを社会がしっかり認識し、刑法を改正して意に反する性行為は処罰される方向性を明確にすること、そして人々の意識やカルチャーも変えていくこと、その両方が今、求められています。

エピローグ

本文でも何度かご紹介した#MeToo。皆さんはこの言葉を聞いたことがありますか。

2017年10月にはじまり、現在も進行中の世界的なムーブメントです。


ことの発端は2017年10月14日、ハリウッドの大物映画プロデューサー、ハーヴェイ・ワインスタイン氏が1990年代から2015年までに長年にわたりレイプやセクシュアル・ハラスメントを繰り返してきたことが、ニューヨークタイムズ紙とザ・ニューヨーカー誌で報じられたことでした。被害を訴えて証言を寄せた女性たちは13人に上り、彼は映画芸術科学アカデミーから追放されました。

2017年10月15日、女優のアリッサ・ミラノ氏はツイッターで以下のような投稿をします。

"If you've been sexually harassed or assaulted, write 'me too' as a reply to this tweet,"(「もし、あなたがセクシュアル・ハラスメントや性暴力を受けた経験があるなら、"Me Too"（私も）と書いて返信して」とTwitterで呼びかけました。

これに呼応して、多くの著名人女性がTwitterで被害を告白しました。一般の人たちも呼応して被害を語り、#MeTooは最初の1週間で少なくとも170万回ツイートされました。

この#MeToo現象は、SNSの枠を超えて、メディアでも大きく取り上げられ、さらには欧州にも飛び火し、世界的なムーブメントとなったのです。

2017年10月、私はちょうどニューヨークに滞在していて、アリッサ・ミラノさんのツイートがリツイートされ続け、#MeTooが盛り上がっているのをリアルタイムで実感し「今何か大きな地殻変動が起きている」と感動したのを覚えています。

私は、10月17日にはFacebookのアカウントを通じて、日本の友人たちに米国の#MeToo運動を紹介しました。

しかし日本に帰ってくると事情は違っていました。海外の#MeTooのニュースを報じても、日本における性被害や#MeTooについて積極的に取り上げるメディアはほとんどなく、日本における#MeToo運動について、世界各国に比べて「盛り上がっていない」というメッセージを発するだけでした。

私のところにくるメディアからの取材依頼も、「今度#MeTooについて取材をしたい。なぜ日本の#MeTooは盛り上がっていないのか、お話を聞きたい」などというものばかりでした。

これは、自分たちで隠された被害を掘り起こし、丹念な調査報道の結果、#MeTooの特集記事を発表した米国のメディアとは真逆な対応だ、と思いました。

#MeTooの火をつけたメディア、最初から「#MeTooは盛り上がっていない」と水をさす役割を担いはじめた日本のメディア。日米のコントラストが鮮明でした。

日本でも勇気を出して、実名を公表して被害を訴える女性がいないわけではありませんでした。2017年には、伊藤詩織さんが実名を公表し、自ら記者会見をして自らが性被害にあったことを訴えましたが、残念なことに当時、主要メディアが彼女の事件を取り上げることはほとんどなく、それどころか詩織さんが心無いバッシングに晒されて、日本には居続けられなくなり、英国に居住することを決めたというのは、本文にも記したとおりです。

Twitterで#MeTooの声をあげる女性たちもいたようですが、なぜかTwitter上で心無いバッシングに晒され、声をあげることをやめてしまったという話も聞きました。

あるとき、性暴力被害当事者の方が私に言いました。

「日本のような環境で#MeTooを女性たちに呼びかけることは危険なこと。女性たちをバッシングに晒してしまうから」

私はこの言葉にショックを受けましたが、それは事実でした。

日本は被害者に厳しく、被害者が声をあげられない社会ではないか、特に女性の性暴力被害というとても深刻な問題について女性たちは声をあげられず、沈黙させられているのではないか、日本社会は、被害者を沈黙させ、被害者を責める一方、性加害には寛大な社会なのではないか。

#MeToo運動が起きて以降、世界中で鳴り響く声と日本の現状との落差を私は考えるようになりました。

セクハラについても#MeTooを機に、世界と日本のギャップが際立ちました。

ここ数年、米国の名だたる著名企業、たとえばナイキやアマゾンの役員がセクハラをしていたと訴えられたり、セクハラの対応が不適切であると指摘を受け、会社を追われたりするようになりました。

国際社会でも、セクハラをなくすために国際条約をつくろう、という機運が盛り上がり、2019年6月のILO総会では「暴力とハラスメントに関するILO条約」が採択されました。

日本はOECDの所得の高い国では唯一、セクハラ禁止規定を持たない国として、世界からも異端視されつつあります。財務省セクハラ事件のような恥ずかしい事態が起きたのに、「セクハラ罪という罪はない」などと政権の中枢にいる政治家が笑っている場合ではありません。

そんななかでも、多くの女性たちが#MeTooを諦めずに少しずつ声をあげるようになり、日本にも少しずつ変化が起きてきています。

財務省セクハラ事件の直後、福田和香子さんに代表される若い女性たちが新宿で「私たちは黙らない」と性暴力に対して若者も声をあげていくという街頭宣伝活動をはじめます。2019年1月には、『SPA!』の広告に抗議する署名運動を大学生の山本和奈さんが開始、たくさんの署名を集めて、『SPA!』の編集方針を変えさせました。みんなが声をあげれば、社会を変えられることがわかってきたのです。

これまでは性暴力に関する記事をメディアが取り上げることは少なく、女性記者ががんばってもデスクに潰されてきましたが、#MeToo以降、まずはネットメディアが#MeTooを積極的に取り上げはじめ、既存メディアでも性暴力、性被害に関する記事がたくさん取り上げられるようになりました。

そして、2019年、岡崎支部の無罪判決が出ると新聞各紙が一斉にそれを取り上げ、論じるようになりました。詩織さんが初めて被害を告発したときから比べると隔世の感があります。

そうした理不尽な判決は人々の押さえてきた怒りや悲しみを呼び覚まし、日本全国各地で、花をもってみんながスタンディングし、思いを語り合う、フラワーデモが開催されるようになったのです。

フラワーデモでスピーチをする人たちのなかに著名人やセレブ、有識者はほとんどいません。語るのは社会で普通に生活する女性たち。日々、性差別的な情報の氾濫に心を痛めながら真面目に生きて我慢を重ねてきた、でもやっぱり「おかしい」と声をあげた人たち。過去に性暴力被害を受けて苦しみ、それを周囲にわかちあうとすると自分が責められ、ずっと心に苦しみを抱え続けてきた女性。交際相手の一方的な性行為に傷ついた体験をもつ女性。

そうした経験や思いをみんなが語る安全な場になっています。普通の人たちが自発的に参加し、思いを語るムーブメント、みんなが幟ではなく花をもって集まる静かなムーブメントが、いまだかつて日本にあったでしょうか。静かな運動かもしれません。でもこれは将来につながるとても大きな動きだ、と私は思うのです。

このモーメンタムに声を集めて、ぜひ社会を変えたい、そう思い、ヒューマンライツ・ナウは、山本和奈さんのVoice Up Japan、山本潤さんたち被害者による団体である一般社団法人Ｓｐｒｉｎｇとともに、Change.orgで刑法改正を求める署名を展開し、おかげさまで約4万５０００人の方々（２０１９年6月24日署名提出現在）から賛同をいただきました。この署名は法務大臣にしっかりと提出しました。

２０１９年5月、私は、カリフォルニア大学バークレー校が主催した#MeToo国際会議に参加しました。そこでは世界各国から#MeToo運動に関わってきた人たちがプレゼンをし、交流をしました。やはり米国の運動はダイナミックで力強く、とてもインスパイアされました。

スペインでは、レイプで裁かれるべき事件がそれより軽い「準強姦」として裁かれたことに抗議して、とても大きなデモが発生し、それが社会の意識を変えたということが報告されました。

フランスでは、職業別に#MeTooの情報共有ができるプラットフォームができて、「この人に要注意」「この人は問題」「どうしたら変えられる」などといった情報交換が進んでいるという話も共有されました。

私が発表した、詩織さんの事件やバッシング、財務省セクハラ事件、ヤレる女子大生などの話に、世界からの参加者は衝撃を受けるとともに、フラワーデモが起きたことを話したときには、「素晴らしい」「感動した」という声と大きな拍手をいただきました。

国連が分析しているビッグデータによれば、#MeTooというつぶやきを発した言語は、英語、スペイン語、韓国語に次いで日本語は第4位だそうです。

声をあげるのがとても困難な日本。そんななかでも、私たちはがんばっている、大変ななかでも声をあげているんだ、ということが改めてわかったのです。

性差別が本当にひどいなかで、女性たちが声をあげはじめた日本。そんな動きは世界からも注目されています。その声を大切に育て、みんなで励まし合って、社会を前に進めていきませんか。

それは、女性も男性も、誰もが大切にされる、誰もが生きやすい社会に違いないと私は心から思うのです。

一緒に法律を、そして性を取り巻くカルチャーを変えましょう。

伊藤和子

2019年7月

福島県	**性暴力等被害救援協力機関SACRAふくしま** 月・水・金 10:00〜20:00／火・木 10:00〜16:00 （祝日、年末年始を除く。） ☎024-533-3940
茨城県	**性暴力被害者サポートネットワーク茨城** 月〜金 10:00〜16:00（祝日、年末年始を除く。） ☎029-350-2001
栃木県	**とちぎ性暴力被害者サポートセンター「とちエール」** 月〜金 9:00〜17:30／土 9:00〜12:30（祝日、年末年始を除く。）※緊急医療受付は22:00まで ☎028-678-8200
群馬県	**群馬県性暴力被害者サポートセンター「Saveぐんま」** 月〜金 9:00〜16:00（祝日、年末年始を除く。） ☎027-329-6125
埼玉県	**埼玉県性暴力等犯罪被害専用相談電話 アイリスホットライン** 24時間365日受付 ☎048-839-8341
千葉県	**NPO法人 千葉性暴力被害支援センター ちさと** 月〜金9:00〜21:00／土 9:00〜17:00（祝日、年末年始を除く。）※被害直後の緊急支援は24時間365日対応 ☎043-251-8500（ほっとこーる）
	公益社団法人 千葉犯罪被害者支援センター 月〜金 10:00〜16:00（祝日、年末年始を除く。） ☎043-222-9977

[巻末資料]

性犯罪・性暴力被害者のための

ワンストップ支援センター一覧

（内閣府ウェブサイトより※一部改変　2019年6月現在
http://www.gender.go.jp/policy/no_violence/seibouryoku/consult.html ）

北海道　**性暴力被害者支援センター北海道**
「SACRACH（さくらこ）」
月～金 13:00～20:00（祝日、年末年始を除く。）
☎050-3786-0799

青森県　**あおもり性暴力被害者支援センター**
月・水 10:00～21:00／火・木・金 10:00～17:00（祝日、年末年始を除く。）
☎017-777-8349（りんごの花ホットライン）

岩手県　**はまなすサポート**
月～金 10:00～17:00（祝日、年末年始を除く。）
☎019-601-3026／✉HP内の相談フォームから送信

宮城県　**性暴力被害相談支援センター宮城**
月～金 10:00～20:00／土 10:00～16:00
（祝日、年末年始を除く。）
☎0120-556-460（けやきホットライン）
宮城県内専用フリーダイヤル

秋田県　**あきた性暴力被害者サポートセンター**
「ほっとハートあきた」
月～金 10:00～19:00（祝日、年末年始除く。）
☎0800-8006-410

山形県　**やまがた性暴力被害者サポートセンター**
「べにサポ やまがた」
月～金 10:00～21:00（祝日、年末年始を除く。）
☎023-665-0500

長野県	**長野県性暴力被害者支援センター「りんどうハートながの」** 24時間365日 ☎026-235-7123 ／✉rindou-heart@pref.nagano.lg.jp
岐阜県	**ぎふ性暴力被害者支援センター** 24時間365日受付 面接相談（予約制）：月～金 10:00～16:00（祝日、年末年始を除く。） ☎058-215-8349／✉HP内の相談フォームから送信
静岡県	**静岡県性暴力被害者支援センター SORA** 24時間365日 ☎054-255-8710
愛知県	**ハートフルステーション・あいち** 月～土 9:00～20:00（祝日、年末年始を除く。） ☎0570-064-810（愛知県内からのみ通話可能） **性暴力救援センター 日赤なごや なごみ** 24時間365日 ☎052-835-0753
三重県	**みえ性暴力被害者支援センター よりこ** 月～金 10:00～16:00（祝日、年末年始を除く。） ☎059-253-4115／✉HP内の相談フォームから送信
滋賀県	**性暴力被害者総合ケアワンストップびわ湖 SATOCO** 24時間365日 ☎090-2599-3105 ／✉satoco3105biwako@gmail.com

東京都	東京都性犯罪・性暴力被害者ワンストップ**支援センター** 24時間365日 ☎03-5607-0799（性暴力支援ダイヤルNaNa　※民間支援団体（SARC東京）が対応）
神奈川県	**かながわ性犯罪・性暴力被害者ワンストップ支援センター「かならいん」** 24時間365日 ☎045-322-7379
新潟県	**性暴力被害者支援センターにいがた** 火～木 10:00～16:00／金10:00～月16:00（連続対応）（年末年始を除く。） ／祝日 10:00～翌日10:00 ☎025-281-1020／✉HP内の相談フォームから送信
富山県	**性暴力被害ワンストップ支援センターとやま** 24時間365日 ☎076-471-7879
石川県	**いしかわ性暴力被害者支援センター「パープルサポートいしかわ」** 月～金 8:30～17:15（祝日、年末年始を除く。） ※緊急医療などの緊急を要する相談は、24時間365日対応 ☎076-223-8955
福井県	**性暴力救援センター・ふくい「ひなぎく」** 24時間365日 ☎0776-28-8505
山梨県	**やまなし性暴力被害者サポートセンター「かいさぽ　ももこ」** 月～金 10:00～16:00（祝日、年末年始を除く。） ☎055-222-5562／✉HP内の相談フォームから送信

鳥取県	**性暴力被害者支援センターとっとり（クローバーとっとり）** 電話相談：月・水・金 11:00〜13:00、18:00〜20:00（年末年始を除く。） ☎0120-946-328（県内専用フリーダイヤル） 事務局（県庁くらしの安心推進課内）：月〜金 9:00〜17:00（祝日、年末年始を除く。） ☎0857-26-7187（県外から通話可能）
島根県	**性暴力被害者支援センターたんぽぽ（島根県女性相談センター内）** 月〜金 8:30〜17:15（祝日、年末年始を除く。） ☎0852-25-3010
岡山県	**被害者サポートセンターおかやま（VSCO）（性犯罪被害者等支援センターおかやま）** 月〜土 10:00〜16:00（祝日、年末年始を除く。） ☎086-206-7511
広島県	**性被害ワンストップセンターひろしま** 24時間365日 ※面談相談，付添支援などのその他の支援は，原則，年末年始，盆休み，第1・3・5日曜，祝日を除く毎日の9時から19時まで（ただし，被害直後の急性期治療に係る支援は，24時間365日対応） ☎082-298-7878
山口県	**山口県男女共同参画相談センター** 24時間365日 ☎083-902-0889（やまぐち性暴力相談ダイヤル　あさがお）

京都府 **京都性暴力被害者ワンストップ相談支援センター**
京都SARA（サラ）
年中無休 10:00〜22:00
☎075-222-7711

大阪府 **性暴力救援センター・大阪SACHICO**
24時間365日
☎072-330-0799

兵庫県 **ひょうご性被害ケアセンター「よりそい」**

月〜水、金、土 10:00〜16:00（祝日、12/28〜1/4、8/12〜8/16を除く。）

☎078-367-7874（ナヤミナシ）

奈良県 **奈良県性暴力被害者サポートセンター**
NARAハート
火〜土 9:30〜17:30（祝日・年末年始・月曜日が祝日と重なるときはその翌日、を除く。）
☎0742-81-3118

和歌山県 **性暴力救援センター和歌山**
「わかやまmine（マイン）」
電話相談：毎日 9:00〜22:00
（受付は21:30まで。緊急避妊などの緊急医療は22:00まで。年末年始を除く。）
面接相談（予約制）：月〜金 9:00〜17:45（祝日、年末年始を除く。）
☎073-444-0099

長崎県　**性暴力被害者支援「サポートながさき」**
（公益社団法人長崎犯罪被害者支援センター）
月～金 9:30～17:00（祝日、年末年始を除く。）
☎095-895-8856／✉HP内の相談フォームから送信

熊本県　**性暴力被害者のためのサポートセンター**
ゆあさいどくまもと
毎日24時間（12/28 22:00～1/4 10:00を除く。）
☎096-386-5555／
✉support@yourside-kumamoto.jp

大分県　**おおいた性暴力救援センター「すみれ」**
月～金 9:00～20:00（祝日、年末年始を除く。）
☎097-532-0330

宮崎県　**性暴力被害者支援センター「さぽーとねっと宮崎」**
月～金 10:00～16:00（祝日、年末年始を除く。）
☎0985-38-8300

鹿児島県　**性暴力被害者サポートネットワークかごしま**
「FLOWER」
火～土 10:00～16:00（祝日、年末年始を除く。）
☎099-239-8787／✉HP内の相談フォームから送信

沖縄県　**沖縄県性暴力被害者ワンストップ支援センター**
月～土 9:00～17:00（祝祭日を除く。）
☎#7001／☎098-888-2060

徳島県	**性暴力被害者支援センター よりそいの樹　とくしま（中央・南部・西部）** 24時間365日 ☎0570-003889（共通相談ダイヤル） ☎088-623-5111（中央）／☎0884-23-5111（南部）／☎0883-52-5111（西部）
香川県	**性暴力被害者支援センター「オリーブかがわ」** 月～金 9:00～20:00／土 9:00～16:00（祝日、年末年始を除く。） ☎087-802-5566
愛媛県	**えひめ性暴力被害者支援センター** 24時間365日 ☎089-909-8851
高知県	**性暴力被害者サポートセンターこうち** 月～土 10:00～16:00（祝日、年末年始を除く。） ☎080-9833-3500
福岡県	**性暴力被害者支援センター・ふくおか** 24時間365日 ☎092-762-0799
佐賀県	**性暴力救援センター・さが「さがmirai」** 月～金 9:00～17:00 ☎0952-26-1750 アバンセ女性総合相談（佐賀県立男女共同参画センター・佐賀県立生涯学習センター） 火～土 9:00～21:00／日・祝日 9:00～16:30 ☎0952-26-0018

ディスカヴァー携書 216

なぜ、それが無罪なのか!?
——性被害を軽視する日本の司法

発行日　2019年8月15日　第1刷

Author　伊藤和子

Book Designer　遠藤陽一（DESIGN WORKSHOP JIN Inc.）

Publication　株式会社ディスカヴァー・トゥエンティワン
〒102-0093　東京都千代田区平河町2-16-1 平河町森タワー11F
TEL　03-3237-8321（代表）　03-3237-8345（営業）
FAX　03-3237-8323
http://www.d21.co.jp

Publisher　干場弓子
Editor　干場弓子　木下智尋

Marketing Group
Staff　清水達也　飯田智樹　佐藤昌幸　谷口奈緒美　蛯原昇　安永智洋　古矢薫
鍋田匠伴　佐竹祐哉　梅本翔太　榊原僚　廣内悠理　橋本莉奈　川島理
庄司知世　小木曽礼丈　越野志絵良　佐々木玲奈　高橋雛乃　佐藤淳基
志摩晃司　井上竜之介　小山怜那　斎藤悠人　三角真穂　宮田有利子

Productive Group
Staff　藤田浩芳　千葉正幸　原典宏　林秀樹　三谷祐一　大山聡子　大竹朝子
堀部直人　林拓馬　松石悠　渡辺基志　安永姫菜　谷中卓

Digital Group
Staff　伊東佑真　岡本典子　三輪真也　西川なつか　高良彰子　牧野類　倉田華
伊藤光太郎　阿奈美佳　早水真吾　榎本貴子　中澤泰宏

Global & Public Relations Group
Staff　郭迪　田中亜紀　杉田彰子　奥田千晶　連苑如　施華琴

Operations & Management & Accounting Group
Staff　小関勝則　松原史与志　山中麻吏　小田孝文　福永友紀　井筒浩
小田木もも　池田望　福田章平　石光まゆ子
Assistant Staff　俵敬子　町田加奈子　丸山香織　井澤徳子　藤井多穂子　藤井かおり
葛目美枝子　伊藤香　鈴木洋子　石橋佐知子　伊藤由美　畑野衣見
宮崎陽子　並木楓　倉次みのり

Proofreader　有限会社共同制作社
DTP　アーティザンカンパニー株式会社
Printing　共同印刷株式会社

ISBN978-4-7993-2544-5

携書ロゴ：長坂勇司
携書フォーマット：石間　淳

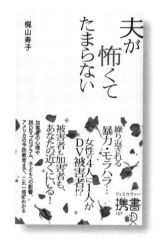